VALLAURIS PLAGE

DU MÊME AUTEUR

13 MINUTES, Au Diable Vauvert, 1998.
MÉMOIRE COURTE, Au Diable Vauvert, 2000 (prix de Flore).
UN DÉBUT PROMETTEUR, Au Diable Vauvert, 2002.
COURIR À TRENTE ANS, Au Diable Vauvert, 2004.

NICOLAS REY

VALLAURIS PLAGE

roman

BERNARD GRASSET
PARIS

A Rose Bogniaud

1

Je m'appelle Frank Bastide. Tout le temps de la promenade, j'ai fait le maximum pour me souvenir de ce truc appris en classe, comme quoi le ciel se trouve par-dessus le toit. Aucun mot ne m'est revenu. Gosse, je connaissais ce poème par cœur. Pas assez de ciel, je me suis dit.

J'ai déplié une minuscule serviette de bain dans ma cellule parfumée au détergent. Je me suis allongé sur le dos pour une séance de gymnastique. J'accomplissais tous les jours la même chose à heure fixe. Un hommage au côté militaire de l'établissement.

Mon nouveau camarade, présent depuis trois semaines, m'a regardé faire. Il avait assassiné sa belle-famille, je crois, et quelques flics qui avaient voulu s'interposer. Il était assis sur le lit d'en haut, les pieds dans le vide, rêvant d'un bon moyen pour se trancher les veines.

Je suis allé prendre une douche avec d'autres vieux enfants : gras, tatoués, poilus, squelettiques. A mon retour, c'était la mauvaise heure. Celle des hommes pendus aux barreaux, qui hurlent en direction du monde libre des prières à leur femme, à leur maîtresse, à leur petite fille. Ils voudraient qu'on leur pardonne.

Ces hommes ne m'aimaient pas beaucoup.

Ils n'approuvaient pas vraiment la manière dont je m'étais comporté.

Les braqueurs étaient respectés.

On dépliait le tapis rouge pour les propriétaires de bars à putes.

Ce n'était pas mon cas.

On m'a proposé le parloir. J'ai accepté. Au parloir, on nageait dans le rythme slave du sexe, des coups montés et des ultimes tentatives de réconciliations. Au parloir, j'évitais la télé minuscule, le souvenir du sang sur mes fringues et ce visage presque mort qui me fixe parce qu'il ne comprend pas alors que c'est si simple de savoir pourquoi nous faisons des choses terribles.

J'ai bien regardé sa coiffure stricte. Il y avait les années d'études, les compromis, les nuits sages afin d'accéder au métier d'avocat. La pauvre était tombée sur moi. Intérieurement, j'ai pris sa défense. J'imaginais l'horreur de ses jours, les horaires à respecter, l'énergie qu'elle mettait à être présentable, le combat continuel pour l'obtention d'un week-end normand avec son amoureux.

La prison comprenait de nombreux avantages. Par exemple, on ne devait plus rien à personne. Par exemple, on pouvait se concentrer sur un philosophe roumain sans devoir se rendre au Franprix avant dix-neuf heures. Je ne savais rien de cette juriste. Je ne lui avais été d'aucune aide dans son plaidoyer. Simplement, j'aimais bien la regarder. C'était comme observer une fille de la haute au milieu d'une décharge.

Elle semblait calme et digne malgré l'odeur âcre, la violence des rapports affectifs propre à ce lieu. Cela me changeait des abdominaux, des cris et du philosophe roumain, au final, assez défaitiste.

Elle avait renoncé à me convaincre. Elle voulait comprendre. Parlait fort. S'appliquait sur chaque syllabe. Promettait de garder le secret. Elle avait des cigarettes. J'ai décidé de sourire. Je lui ai demandé si, par hasard, elle avait également quelques heures à me consacrer. Elle est allée voir un gardien. Elle est revenue avec, sur le visage, un masque de fermeté tout à fait charmant. Elle m'a demandé « encore juste une minute pour déprogrammer un rendez-vous ».

J'avais le temps.

Quinze ans ferme.

2

Voyez-vous, j'ai commencé, en tripotant l'une de ses Marlboro Light sans l'allumer, voyez-vous, comment vous appelez-vous déjà ?

Candice.

Bon, ce n'est pas grave. Voyez-vous, chère Candice, il existe sur cette planète, créée à vrai dire on ne sait trop pourquoi, des filles comme vous et des filles comme Arianne Backer. Je n'ai rien contre la catégorie des « Candice », vous pouvez me croire. C'est une catégorie plus sournoise et plus passionnante qu'on ne l'imagine. Elle ne ressemble pas à l'image que l'homme moyen s'en fait : sèche-linge, grossesses à répétition, adultère fantasmé, balade en forêt, tisane dans un fauteuil en rotin. Si cette première catégorie boit effectivement de la tisane, chère Candice, c'est pour mieux vivre les bas-fonds, les yeux vagues au coin du feu.

Les « Candice » transformeront, par éducation, un premier amour en mari, un mariage en divorce, un mauvais geste en explication, un péché en anniversaire surprise. Même en pleine tempête, elles conserveront le sourire et un sens inné de l'organisation.

En ce qui concerne l'autre partie du monde, chère Candice, celle qui fait que je me trouve ici, maintenant, à vous parler, oubliez également tout ce qu'on raconte sur elle.

Vous les pensiez éloquentes ? Arianne Backer trouvait rarement ses mots. Machiavélique ? Elle ne savait rien combiner. Parfaite ? Un mètre quatre-vingt, chère Candice. Trop pour moi, disait-elle. Arianne détestait sa grande taille. Femme fatale ? Elle était myope. Elle avait toujours refusé de prendre rendez-vous avec un ophtalmologiste. Elle était incapable de lire les sous-titres d'un film en version originale, de s'arrêter à la bonne station de métro, de reconnaître un ami dans une rue. Et sa maladresse, Candice. Et les verres de vin renversés par ses longs bras sur des nappes blanches, sur les vestes des autres, sur son corsage, ce vin sur le haut de ses vêtements. Comment vous dire, Candice, le vin faisait corps avec son buste fin, elle semblait être venue au monde ainsi, avec ce corsage rendu moulant par sa maladresse. Et les cascades d'Arianne, Candice. A vélo. Ses chutes en plein boulevard. On y voyait les endroits les plus secrets de son corps. Tous les passants voulaient lui venir en aide. Voilà le problème, Candice. Arianne Backer ne calculait jamais rien. Ni ces longs cheveux bouclés, ni ce grain de beauté immense sur le haut de ses lèvres. Elle ne faisait pas semblant d'être sur messagerie : elle perdait véritablement son téléphone portable. Elle ne faisait pas semblant, depuis sa naissance, d'être amoureuse de Paul Fillacci, elle l'aimait.

Je me souviens d'une nuit, Paul avait filé de l'appartement avant l'aube, comme à son habitude. J'avais préparé un grog pour Arianne. A la fin, elle a dit :

« Je savais qu'il ne dormait pas. Il avait la tête collée sur ma poitrine et je savais qu'il ne dormait pas. Sa respiration. Une respiration de menteur. La respiration du type qui cherche quelque chose à dire pour s'en aller.

— ...

— Ce qu'il était beau. »

J'étais en face d'elle, chère Candice, je voyais le début de ses seins. Arianne portait une chemise blanche trop courte et ses ongles griffaient sa cuisse. Bien sûr, personne ne peut supporter longtemps cette catégorie de filles. Elles ont une vie à l'image du désordre qui règne dans leur vaste sac à main. Elles sont indéfendables. Mais ce n'est pas seulement ce paramètre qui la rendait passionnante.

Il faut raconter Arianne Backer, Candice. Il faut commencer par elle si vous voulez comprendre, un peu. On est tous à l'affût d'un corps étrange, d'un visage capable de rendre douce la guillotine même, tous programmés pour finir comme le plus grand nombre mais, juste avant, croiser un regard de magicienne, un regard de fille gênée, un regard d'enfant, et terminer seuls, à raconter Arianne Backer une dernière fois.

Il y a bien des choses à dire sur Arianne Backer, vous pouvez me croire, une voisine du dessus comme elle, des fêtes à faire trembler les murs, des monologues de mâles tristes sous sa fenêtre, des scènes de ménage et le bruit de ses talons aiguilles tout à fait particulier dans l'escalier au petit matin.

J'ai connu des types vêtus comme des lords qui frappaient, en désespoir de cause, à ma porte en pleurant. Des instituteurs, de jeunes banquiers, des étudiants en sciences politiques. Ils n'en pouvaient plus. Je leur offrais un verre, ils fumaient leurs cigarettes, je les réconfortais tant bien que mal. Parfois, j'allais jusqu'à trouver un taxi afin qu'ils rentrent chez eux.

Arianne n'était pas du genre à sympathiser avec un voisin d'immeuble. Pas du genre à demander une bouteille de Volvic Citron à un locataire. Pas du genre à sonner à votre porte avec un sourire empoté pour quémander un peu de vinaigre balsamique ou du lait pour son chat. Arianne Backer n'avait pas de chat. Elle ne partait pas en vacances en filant les restes de son frigidaire à ses proches « par pure gentillesse ».

Arianne n'était pas gentille. Elle ne donnait pas de dîners. Elle ne donnait rien. On l'invitait.

Il y avait le son de sa voix, aussi. Une drôle d'invention, à la fois sombrement chic et encore vert, un son de voix qui permettait de ne pas se foutre en l'air dès le réveil.

J'ai allumé une première Marlboro Light en plissant les yeux :

Vous savez que cette fille a même réussi à me faire aimer l'été, chère Candice.

3

Les choses ont commencé sur mon lieu de travail. Le Vallauris et ses piquets parfaitement alignés comme dans un cimetière américain, le Vallauris et ses matelas bon marché, le Vallauris ne présente encore aucune existence véritable. Il va falloir attendre et me refiler quelques Marlboro Light, chère Candice, avant de découvrir ce bout de plage privée en allant vers Juan-les-Pins. Du Vallauris, on voit la ligne de train et cette belle cicatrice qu'elle trace sur la côte. Le Vallauris ne cache rien. Mieux, il est maculé de parasols de toutes les couleurs sur un territoire situé entre deux plages libres. Je suis heureux d'avoir participé avec Arianne aux derniers mois du Vallauris. C'était la seule solution. Comme se trouver à l'Olympia pour les adieux de

Jacques Brel ou devant son poste en noir et blanc lorsque Armstrong a posé un pied sur la Lune.

Arianne Backer est devenue ma colocataire, au Bistrot Napolis, un morne restaurant parisien, après avoir été ma voisine du dessus. C'est aussi peu romantique que cela. Elle était attablée, inoffensive, une robe cintrée blanche, sa peau brune, son corps longiligne de femme nerveuse un peu penché. Elle ne savait pas trop où placer ses jambes.

Elle regardait Paul Fillacci.

J'ai eu une enfance moyenne, Candice, une enfance comme tout le monde. J'allais seulement toutes les semaines chez le dentiste. Les caries, Candice. Une femme dentiste. Elle me faisait beaucoup souffrir. Elle se fâchait : « Vous bousillez votre capital santé avec toutes ces sucreries. »

Je me souviens avoir été heureux une fois, à la patinoire de ma ville, je tenais par la main une fille de ma classe. Cette sensation de bonheur n'avait pas duré très longtemps. Après, je me suis marié. Je me suis même rendu à la maternité pour la naissance de mon fils. Puis, un immense passage à vide a prolongé tout cela.

Et je suis devenu chef de rang au Bistrot Napolis.

J'avais commencé il y a sept ans. Peu de gens tiennent dans la restauration. On termine la journée tard et on la débute assez vivement. Il faut surveiller le nettoyage de la salle, les moulins à poivre, le niveau des moutardiers, le pliage des serviettes, les fleurs sur les tables.

Il faut pouvoir manger à onze heures du matin sans vomir sur-le-champ. La première bouchée est difficile. On fait passer l'affaire avec beaucoup d'eau.

Mon travail ressemblait à celui d'un chef d'orchestre. Je donnais le rythme à mes camarades dès le premier couvert. Je trouvais la juste tonalité. Je devinais celui qui voulait payer sans que la femme assise en face s'en aperçoive. Je passais les ordres en cuisine et je conservais toujours un œil sur les bouteilles.

Dans ce métier, Candice, même lorsqu'on a envie de tuer quelqu'un, il faut paraître bienveillant.

Et j'avais résisté à tout ça. Par exemple, j'avais 38 ans. Par exemple, j'étais encore en vie. Hey ! Pas mal ! J'étais encore en vie. Par exemple, j'avais arrêté de boire depuis six mois. Rien.

Pas la moindre bière tiède. De la flotte à tous les repas. De la flotte même la nuit avec l'impression d'en crever. Qu'est-ce que vous dites de ça ?

Arianne a ouvert la porte du Napolis vers 12 h 15 un jeudi.

Je la connaissais. Je l'avais souvent croisée dans les étages et de nombreux galants avaient été intarissables à son sujet.

Je préparais les kirs d'accueil au bar. D'ordinaire, à cette heure, les premiers clients étaient des touristes, des cadres avec mallette et une odeur persistante de parfum bon marché. J'aimais beaucoup les cadres du premier service. Ils savaient cacher leur tristesse. Ils étaient pleins d'énergie. Ils me donnaient tous envie de pleurer. Je l'ai vue arriver de loin, souriante, portant un regard tout à fait bienveillant sur l'endroit. Elle s'est assise avec gaucherie en face d'un type en chemise hawaïenne version brousse avec des éléphants. Un type que je n'avais pas remarqué.

Il fumait beaucoup et ne quittait pas son téléphone portable des yeux. Il se montrait débordé et joyeux sans qu'on sache vraiment pourquoi. Arianne s'est enfilé plusieurs verres pendant qu'il enchaînait les coups de fil sans cesser d'enfourner des carpaccios de bœuf, j'ai trouvé étrange ce couple. Arianne s'est mise à parler beaucoup. On aurait dit qu'elle avait une histoire formidable à raconter, une légende, un vieux rêve terrifiant et enfantin peuplé de nains atroces et de pommes vénéneuses.

En face, Paul Fillacci faisait semblant d'écouter. Il observait les nouveaux venus, se touchait les poils du torse et regardait son visage dans le reflet de son couteau. Enfin, il a pris la parole. J'ai vu qu'elle était en difficulté à l'agitation de ses mains, à sa façon de se tenir la gorge. Chacune de ses respirations était accompagnée d'une légère grimace.

Les yeux d'Arianne cherchaient un point de chute, une couleur forte pour ne pas s'effondrer. Paul faisait de grands gestes. A un moment, il a pris sa veste et s'est dirigé vers la sortie sans regarder personne. Il avait la démarche de ces types avec chaussures branchées sur coussins d'air.

J'ai fait signe au serveur de la table d'Arianne de ne pas bouger, de s'octroyer un peu de calme et de détente dans cette ville de fous.

Arianne est restée stable quelques minutes. Elle a sorti d'un sac rose parme un portefeuille vert gazon. Elle s'est levée très lentement et s'est dirigée vers moi. Elle a tenu deux bons mètres avant de s'écrouler. Le patron a commencé par rugir. Mais ce type me devait quelque chose.

Une chose que j'avais découverte sur son petit commerce et qui me le mettait dans le creux de la main à condition que je ne m'en serve pas trop. Je me suis dirigé vers lui pour un quitte ou double.

J'ai marmonné en regardant ses pompes :

« Ecoute Gilles, pas la peine d'appeler qui que ce soit, je la connais, je vais la ramener chez elle, tu me dois au moins ça. »

Gilles m'a offert un sourire moyen.

Il a grincé :

« Je te dois plus rien, maintenant. »

Je me suis baissé vers le visage d'Arianne, puis j'ai décidé de prendre ma journée.

Une très grande journée, Candice.

4

Quelques heures plus tard, Arianne s'est réveillée chez moi. Au début, elle ne distinguait presque rien. Des ombres et des couleurs. Seulement ça. Je lui ai murmuré de ne pas s'en faire, que les choses étaient forcément catastrophiques pour les gens un peu sensibles. J'ai ajouté :

« Je suis votre voisin du dessous. Je m'appelle Frank. Je suis capable de vous aider. »

Son sourire était un vase au coin d'une table, sur le point de chuter. Elle a dit :

« Je voudrais déménager d'un étage.

— …

— Déménager et vivre chez vous.

— …

— C'est possible ?

— ...

— Je ne serai jamais là. »

J'ai réfléchi au nombre d'arguments hostiles à une telle démarche. Ils s'accumulaient dans ma cervelle comme des briques au Tetris quand on commence à perdre. Je n'arrivais plus à les compter.

J'ai accepté son offre.

Imagine un peu. Tu fréquentes Arianne Backer, tu passes tes heures à renifler son linge sale, à croiser son corps, tu serais prêt à ce qu'on t'ensable vivant à ses côtés et il faut n'avoir l'air de rien. Imagine un peu, tu es divorcé depuis l'âge de 30 ans. Ta femme te considère comme « la pire erreur qu'elle ait jamais commise ». Jamais, elle ne pourra t'accorder le moindre pardon. Imagine un peu, que ton fils de 14 ans, Hyppolite, t'a annoncé qu'il ne supportait même plus l'odeur de tes écharpes. Ta fin est proche. Ta plaque dentaire le prouve. Arianne est la dernière femme que tu puisses regarder vivre un peu. Tu connais par cœur le parfum de son gel douche, ses jupes délaissées sur le tapis du salon et le bruit sublime contre la faïence lorsqu'elle va pisser.

Je vivais depuis cinq mois avec Arianne Backer. Je n'avais toujours rien laissé paraître. Je savais les qualités de cette fille, ses travers, je savais qu'il ne fallait rien dire si je voulais conserver une chance sur un million huit cent trente mille qu'un jour d'éclipse, un jour bien rare, en plein rêve délirant et gorgée de fièvre, elle s'intéresse à moi.

Elle m'avait tout épargné sauf Paul Fillacci.

Fillacci, son amant principal, le seul malgré les autres. Un médecin généraliste assez particulier, un peu fourre-tout : psychothérapeute, sexologue, coach pour patron de PME, agent de jeunes comédiennes et de joueuses de volley-ball. Un généraliste ostéopathe de filles en string, amateur de voitures de sport, soigneur de lycéennes et, surtout, le seul être capable de rendre folle Arianne Backer. Il aurait fallu que des scientifiques se penchent sur ce dernier point.

Paul avait les cheveux très bruns, et, presque toujours, une réponse à tout. On aurait dit un chef de secte. Les patientes adoraient Paul Fillacci. Elles le trouvaient tolérant, à l'écoute et d'une grande modernité.

Histoire d'être « honnête », chère Candice, même si lorsque je prononce ce mot, j'ai envie de rire et cela me fait mal aux gencives, je dois vous avouer quelque chose. Lorsque Fillacci s'en allait pour retrouver sa compagne et qu'Arianne se tapait la tête contre les murs de sa chambre, il m'est arrivé de sortir de l'appartement pour aller chercher Paul et de l'entendre pleurer quelques étages plus bas. Alors, je remontais sans rien dire à Arianne. Bien sûr, j'ai toujours détesté Paul. Mais je savais qu'il pouvait la faire voyager en lui racontant toute une histoire à partir d'une fourchette ou d'une place de parking. Paul faisait partie de ces gens, un peu particuliers, avec lesquels on est bien sans savoir pourquoi.

Un matin, je dormais et j'avais mal aux dents. Mon sommeil était léger. Avec l'aide d'un couteau, la veille, j'avais gratté la glace qui s'accumulait en haut du freezer. J'avais déposé cette glace dans une serviette. Je m'étais collé la serviette sur la mâchoire gauche. Plus de dérivé morphinique ni d'anti-inflammatoire dans mon armoire à pharmacie. J'avais tout arrêté lorsque j'avais cessé de boire. Les choses avaient commencé par une gingivite douloureuse, en bas, à gauche. La gencive avait doublé de volume la nuit précédente.

En tapant sur une molaire avec l'aide d'un coupe-ongles, j'avais deviné la carie coupable ainsi que la présence, en dessous, d'un probable abcès en pleine expansion.

Mon sommeil et la douleur se confondaient. Surtout, ne pas me réveiller, je me disais. Surtout, ne pas amplifier la chose. Sans bouger, je me voyais chez un dentiste résoudre l'affaire et aller beaucoup mieux. Puis, je comprenais que j'étais toujours couché. Une main s'est posée sur mon épaule. J'ai deviné. J'ai soupiré d'aise. Une main tendre, une main qui tentait de me réveiller avec toute la douceur du monde. Une main uniquement créée pour que Frank Bastide réapprenne à vivre. Des mois à croiser Arianne dans le couloir de la salle de bain.

Des mois à refaire le monde dans la cuisine avec des amants auxquels elle demandait qu'ils la quittent avant 22 heures au cas où Paul Fillacci passe ou lui téléphone. Les hommes, même mariés, même pères de famille récents, les hommes n'arrivaient pas à la quitter. Il fallait les raccompagner doucement jusqu'à la porte. Il fallait prendre soin d'eux. Je devenais nourrice. J'étais un centre d'accueil après le crash d'un avion. On ne couche pas à n'importe quelle condition avec Arianne Backer. On paye le prix. Il fallait dépenser beaucoup d'énergie, de temps et d'imprudence pour jouir dans les bras d'Arianne Backer.

Donc, cette main sur mon épaule. Cette fille injustifiable. Cette main pour me dire « L'enfer est terminé, Frank, c'est toi que je désire. On va se trouver un endroit calme, Frank. Une vieille maison en pierre dans les Alpes de Haute-Provence. Je te ferai du bouillon. On fera l'amour et tu liras beaucoup. On va calmer le jeu, Frank, ne t'inquiète pas. Je vais calmer le jeu, tu peux me croire, je ne suis pas si folle que ça. » Les yeux clos, j'ai murmuré à la douce main que j'arrivais tout de suite.

Un souffle ignoble m'a répondu :

« Tant mieux, pirate ! Je vais prendre une douche en t'attendant. Tu n'as qu'à me retrouver au salon. Au fait, ta chambre pue, c'est incroyable comme elle pue. J'adore l'odeur, ça me rappelle l'internat. »

Fillacci, Messieurs-Dames. Paul Fillacci.

5

Paul Fillacci, habillé d'un peignoir aux couleurs jaune et verte d'un club de football, s'étale sur le canapé de mon appartement. Il vient de me réveiller. Il sonde l'intérieur de son oreille avec un coton-tige. Comme à chaque fois que je vois Paul Fillacci, je suis époustouflé par le fait qu'il soit encore possible qu'un être humain porte une chaîne autour du cou. La télévision diffuse sur M6 une rétrospective de toutes les chansons humanitaires depuis « We are the World ». « Tu peux t'installer », me propose Paul, sans quitter l'écran des yeux.

Je pourrais acheter une place à prix d'or pour voir Paul s'étouffer dans son propre sang. Paul fait crier Arianne. Au début, elle soupire. Ensuite, elle hurle. Juste après, elle pleure dans ses bras. Paul connaît sa toison probablement assez brune. Comment s'épile Arianne Backer ? Formule classique ? Ticket de métro ? Une différence entre l'hiver et l'été ? Rien du tout ? Je ne sais pas.

Paul offre des cadeaux à Arianne. Le plus souvent, des bibelots marocains et des DVD de Wong Kar Waï. Il faut se résoudre à l'évidence. La femme que j'aime couche avec un type passionné de cinéma asiatique et d'art africain.

Je fais couler de l'eau froide sur un gant de toilette. Je cale le gant sur ma joue. L'infection a sans doute touché le nerf pendant la nuit. Je rejoins le salon.

Je m'énerve :

« Il est interdit de venir dans ma chambre, Paul. Il est interdit de poser ta main sur mon épaule. Nous ne sommes pas amis, Paul. »

Je me demande si je ne peux pas pousser à l'extrême mon avantage. Lui extorquer, par exemple, une ordonnance pour mon abcès, ne serait-ce que du Di-Antalvic. Hélas, en dehors des lycéennes, cet enfoiré possède des principes et n'y connaît rien en souffrance. Malade pour la seule période de rhume des foins, Paul Fillacci. Capable de te proposer un traitement homéopathique juste pour te voir craquer. Tu l'implores d'un « Paul, je suis en train de mourir » et il te dit de prendre de l'aspirine. Je décide de me taire. M6 a retrouvé un exemplaire de l'album « Ethiopie ». La caméra reste en plan fixe sur la pochette. L'album « Ethiopie » est considéré par le journaliste comme le « We are the World » français.

Paul jette son coton-tige sale sur la table basse et éteint la télévision. Il se redresse et me regarde avec sérieux. On voit ses testicules.

« Frank, tu n'as pas l'air très en forme physiquement.

— Paul, avant de poursuivre cette discussion, il faut que je t'avoue quelque chose. »

Paul croise ses jambes velues. Il dit :

« Je t'écoute.

— Je ne suis pas convaincu que tu sois réellement terrien, Paul. Enfin, je veux dire, un habitant normal, un peu lâche et tendre de la planète Terre. Enfin, je veux dire, un être capable parfois d'amour et de compassion. Je pense plutôt que tu as été structuré par tes parents pour ne pas décevoir le monde établi, je pense que tu incarnes l'opposé de toute idée de partage et d'empathie, Paul.

— ...

— Et je trouve cela très bien, Paul. Et je ne te reproche rien. Il faut des gens comme toi. Et même, si tu veux mon avis, tu vas vivre vieux. A ce titre, tu peux m'aider. Je suis d'accord pour marchander et ne rien dire à Arianne. Je suis d'accord pour laisser l'univers tel qu'il est.

— Tu as recommencé à boire, Frank ?

— Paul, je te jure qu'elle ne saura jamais que tu as pénétré dans ma chambre alors que tu n'as pas le droit de le faire. En échange de quoi, Paul, je vais te demander quelque chose. Un libre échange, tu comprends ça ? Paul, j'ai très mal à une dent. Pourrais-tu me trouver quelque chose histoire de tenir le coup une heure ou deux. Le temps d'aller voir un dentiste.

— ...

— Du Propofan ?

— ...

— De la méthadone ?

— ...

— Merde, Paul.

— Frank, jette un œil dans sa chambre. »

Je suis allé dans le sanctuaire, le saint des saints, la chambre d'Arianne. Les armoires étaient vides. Les valises absentes. Je suis retourné m'asseoir face au médecin généraliste.

« Je crois qu'elle s'est cassée, Paul.

— Pour quelque temps ?

— Quelque temps, oui, je crois bien.

— …

— Même une simple ordonnance avec de la codéine ferait l'affaire, Paul.

— …

— Paul, je crois qu'il va falloir qu'on se serre un peu les coudes. De la codéine. Rien qu'un peu de codéine, s'il te plaît. »

Par la fenêtre, j'ai vu le mois d'avril qui se terminait.

Je ne me sentais pas vraiment d'attaque pour profiter de ce nouveau début d'été.

Paul a rallumé la télévision. Daniel Balavoine posait à côté de l'album pour l'Ethiopie. Il ne souriait pas. Il avait l'air de sale humeur. La pochette ressemblait à un mauvais dessin d'enfant. Une bouteille échouée sur le sable avec un parchemin à l'intérieur. Au loin, on voyait les dunes d'un immense désert.

Cette bouteille n'avait aucune chance qu'on la retrouve un jour.

6

Vous aimez les trains, Candice ? Sans plus ? Je vais vous apprendre à aimer les trains, Candice, Candice, bon sang, pourquoi Candice ? Vos parents vous en voulaient à ce point ? Les trains ont leur code d'honneur Candice. Ils ne sont jamais dans une gare à poireauter des heures en attendant que vous arriviez. Ils s'annoncent vingt minutes avant sur un grand panneau. Ils préviennent. C'est majestueux. Ensuite, à l'horaire qu'ils se sont fixé, ils disparaissent sans gamberger. Sans train, pas de buffet de gare, pas d'amants qui se retrouvent, pas de jeune homme perdu à la fin d'une nuit blanche, le nez levé en direction des affichages, pas de baise dans des WC infects, pas de larme à la dernière minute parce qu'il faut se quitter. Il faut se quitter, mon amour. Il est impossible d'aimer très longtemps, tu sais. Tu n'as rien fait de mal, mon amour. Et moi non plus. Nous n'y sommes pour rien. C'est en direction du ciel qu'on devrait jeter un œil chargé de mépris.

Il faut toujours aimer les trains. Ceux qui reviennent et ceux qui partent. Il faut aimer les départs à l'aube et Manuel Viera. Surtout Manuel Viera. Manuel Viera est un gosse capable de créer une œuvre d'art tous les matins en se coiffant. Un vrai boulot qui dure des heures. Une grande richesse.

Manuel examine sa tignasse dans la glace une fois le travail terminé. Il devient joyeux. Manuel a de la chance. Il pense que le monde contient une clé, un secret. Il refuse que l'existence demeure prévisible et mauvaise à ce point. Il appartient à ces quelques fines lames indépendantes capables de mourir à 17 ans.

Dix-sept années à attendre du mauvais côté pour Manuel Viera. Vous avez dû en croiser, au tribunal, du Manuel Viera, chère Candice. Pour Manuel, les choses doivent forcément changer. Après 17 ans, ce sera trop tard. Après 17 ans, ce n'est plus pareil. Après 17 ans, on compose. Après 17 ans, tout est joué. Cela fait 17 ans que Manuel guette un jour de vie. Rien. Personne. Pas un bougre sur terre qui n'ait songé, une seule fois, à lui proposer un début de chance. De quoi pourrait avoir peur Manuel Viera, à présent ? D'un coup de feu ? De la BAC ? D'un homicide ? Manuel n'a peur de rien.

Il regarde le jour qui se lève sur Mantes-la-Jolie et sur le bloc d'en face, un bloc identique au sien, il parfait sa coiffure. Il sourit à sa mère, déjà debout.

Le travail de sa mère consiste à nettoyer les entreprises avant que des cols blancs n'apparaissent rasés de près et ne blaguent, entre eux, armés de leur mug plein de café brûlant. Sans rien laisser paraître, madame Viera écoute leur week-end en Bretagne, leur dîner entre amis, « l'incroyable » concert de Carla Bruni, la monstruosité de certains embouteillages.

Madame Viera est vêtue d'une robe de chambre que Manuel a toujours connue. Elle embrasse son fils et s'en va dans la cuisine minuscule lui préparer quelque chose pour qu'il ne « parte pas le ventre vide ».

Manuel est un des deux mille emplois-jeunes de la SNCF. Il n'est pas que ça. C'est comme avec les meurtriers. Il ne faut pas cantonner les gens à ce qu'ils font. Manuel n'est pas licencié en droit. Manuel n'a jamais passé de vacances à l'île d'Yeu. Manuel n'a jamais invité une fille pour un week-end dans la maison de campagne de ses parents. Il existe des choses qui sont plus simples pour les autres que pour Manuel Viera. Entrer dans un bar à Bastille un samedi soir, par exemple. Obtenir un prêt au Crédit Agricole ou dans n'importe quelle autre banque, demander son chemin passé une certaine heure à quelqu'un dans la rue sans que cette personne se mette à hurler à l'aide.

Il n'empêche. Lorsque Manuel n'est pas de service, son talent est immense et tient dans les nombreuses poches de son « treillis » : une carte imaginaire, un portable, un carnet agrémenté de croquis, une photo de ses trois sœurs, un passeport qui prouve que Manuel est français et cinq cailloux de cocaïne planqués dans un tube d'Efferalgan. Manuel possède une allure folle avec son pantalon comme seul bagage et son tee-shirt gris fétiche qui porte la marque Adidas.

A 11 ans, Manuel s'est retrouvé en finale d'un tournoi benjamin de son club de tennis de Mantes-la-Jolie, avant d'être viré parce qu'il avait piqué dans la caisse. Le type en face faisait un « sport-étude » à Evreux, il était classé 15/4. Un type sûr de lui, avec un polo neuf et des coups droits difficiles à supporter. Manuel a tenu bon. Jusqu'au troisième set. Manuel ne pouvait pas gagner. On peut même dire que, sur le papier, Manuel, au bout du compte, a essuyé une grosse défaite.

Pourtant, l'espace d'une heure, il a fait oublier ses crampes et la différence de niveau. Manuel a été héroïque. Pendant ce match, les spectateurs l'ont regardé avec respect, en murmurant que « ce gosse savait se battre ». La sueur lui piquait les yeux. Cela suffit, parfois, à toute une vie.

Gare de Lyon, Manuel Viera charge le wagon-restaurant du TGV de 10 h 24 pour Nice. Les gens filent sur le quai sans le regarder. Souvent, Manuel a la sensation qu'il n'existe pas. Être au service des passagers est un travail éprouvant pour les nerfs. Vous êtes invisible pendant deux heures et, d'un seul coup, arrive la foule, la détestation de l'employé, les soupirs contenus, les petits combats pour une minute gagnée. La clientèle ne cesse de trouver qu'elle attend trop malgré la bonne volonté du jeune homme.

Après le départ du train, Manuel doit prendre la parole pour s'adresser aux passagers, expliquer la Compagnie des wagons-lits et le talent de cette compagnie qui consiste à disposer d'un bar formidable au centre de la rame, cette même compagnie propose également un choix de boissons fraîches ainsi que des plats à emporter.

Manuel raconte tout ça. Dans l'attente d'une éventuelle visite, Manuel souhaite aux riches un agréable trajet.

Je peux garantir que, pour Manuel Viera, ce fut un dernier trajet formidable.

7

Du groupe, Manuel a été le seul à témoigner contre moi. La grille était encore baissée et le wagon-restaurant totalement vide lorsque Arianne Backer arriva. C'est en levant cette grille en fer que Manuel a aperçu Arianne pour la première fois. Le temps d'un regard, elle l'a convaincu qu'il était possible de vivre facilement. Elle a commandé un thé qu'elle a bu en regardant le paysage. Manuel souriait. Tout était bien. Notre jeune homme avait décidé de ne plus mourir tout de suite. Il avait trouvé quelque chose d'autre à faire pour les trente années à venir.

La file d'attente a commencé et Manuel continuait d'admirer Arianne. Il n'était plus très efficace. Une entreprise privée l'aurait licencié en 120 secondes. Les retraités ont commencé à geindre pour un croque-monsieur en échange de quelques tickets de réduction. Il est difficile d'admettre que des gens puissent encore avoir faim à cet âge-là. Le temps de faire réchauffer une tartine, Arianne avait disparu. Manuel a tenté de reprendre son travail.

Arianne avait regagné sa place.

Autour d'Arianne, des femmes désespérées regardent leurs vêtements et se maudissent d'avoir fait le mauvais choix. En face, un enfant de sept ans déteste sa famille de l'avoir confectionné si tard.

Manuel poursuit son labeur. Un peu du parfum d'Arianne persiste malgré la cuisson des croque-monsieur. Manuel décide qu'il est devenu formellement interdit de travailler sans être à proximité du parfum de cette fille.

Face à une veuve nerveuse qui exige un yaourt supplémentaire avec sa formule, il enjambe son comptoir comme un muret de pensionnat. Il croise un contrôleur sidéré. Manuel ne dit rien. Il n'y a rien à dire. Dans les westerns, le caïd ne parle que très peu. Il faut retrouver Arianne Backer. Manuel ôte son gilet. Manuel se retourne vers le contrôleur et lui balance juste « je reviens ». Il traverse le wagon 5, le wagon 4, le wagon 3, elle dort dans le wagon 3, place 74, Manuel arrive, Arianne dort, Manuel la regarde.

Le retour de l'emploi-jeune dans son lieu de travail provoque l'ire des usagers. Qu'importe. Sa décision est prise. La peur, chaque matin, de se faire mal noter, de ne pas être embauché à la fin de sa période d'essai, la peur tout court, cette peur qui s'amuse avec son sommeil chaque année davantage, cette envie d'en finir avec la gorge sèche avant la première cigarette, cette peur s'en est allée.

Avant Cannes, Manuel s'enferme dans les toilettes pour taper dans son tube d'Efferalgan. Il sort un billet de dix euros et rigole à l'idée que c'est bien la première fois qu'il se fait deux lignes sans rien vendre en plein après-midi. Ensuite, il décroche le téléphone qui sert à l'information des voyageurs. Six usagers attendent encore des salades et des manchons de poulet. Manuel n'a pas d'appétit. Manuel a autre chose à foutre que d'avoir faim. Il trouve l'existence rapide, dangereuse et formidable. La Compagnie des wagons-lits remercie les voyageurs de leur visite, annonce Manuel.

Le train arrive en gare de Nice. Les voyageurs s'agitent. Pour tout dire, ils sont quelques hommes, dans le wagon numéro 3, à s'agiter vraiment, à chercher du regard la place 74 avant de descendre. Ils crèvent de ne pas revoir Arianne une dernière fois. Les plus romantiques aimeraient fixer dans leur cervelle son visage. Les plus cyniques souhaitent juste trouver un défaut à cette fille pour s'en aller plus tranquillement.

Mais la grande majorité des hommes du wagon 3 serait d'accord pour donner discrètement à Arianne Backer la bague de leur femme avant de partir. Ils seraient d'accord pour échanger deux années de salaire afin d'effleurer sa hanche ou juste descendre le bagage à main de cette drôle d'égérie. Dans le wagon numéro 3, la place 74 est vide. Pas le moindre bagage non plus.

En passant devant, porté par sa mère envieuse, un nouveau-né découvre le plaisir de respirer l'odeur laissée par une fille sublime.

8

Je ne bougeais plus de mon appartement. Je mangeais des pâtes crues. J'ai guetté les claquements de portes et les bruits dans l'escalier. Je me suis calfeutré dans ma chambre. J'avais peur que tout ne s'écroule davantage si je bougeais d'un seul pouce.

« Il ne faut pas bouger pour qu'elle revienne », ai-je songé. Il ne faut pas toucher au grand ordre des choses. Il faut rester à l'endroit exact où le reste de ta vie a été dévasté. Tout va s'arranger si l'on ne bouge pas. Arianne va revenir si l'on se tient tranquille. Elle va téléphoner. Elle va avoir besoin de toi. On serait d'accord pour avaler beaucoup de choses pour un simple appel d'Arianne, d'accord pour égorger tout ce qui reste d'innocents sur la planète, pour voter en direction du pire, on se moque de tout, ce n'est pas difficile, on veut juste qu'elle revienne.

Moi, Frank Bastide, je promets d'avaler Arianne Backer si elle revient, petit à petit, en commençant par l'endroit de son corps qui me convient le moins. Je dégusterais l'os de son coude et la chair sous ses pieds. Ma seule sortie de la semaine fut pour mon psychanalyste. Je n'avais pas envie de lui rendre visite. Je me sentais obligé. Une simple question de rapport de forces. Disons qu'il avait pris le dessus.

Je suis allongé sur son divan. Mes deux précédents psychanalystes sont morts. Je dois porter la poisse. Celui-ci m'aime bien. Il devine ce que je vais raconter. Il me considère comme un dépressif simple et sans danger. Un dépressif issu d'une minuscule bourgeoisie. Un dépressif assez prévisible. Mon père est mort quand j'avais six ans, docteur. Comment voulez-vous faire après ça ?

Je lui raconte aussi l'histoire de cette gamine, chez sa nourrice, qui est restée une journée entière sur la même chaise sans ciller en attendant que ses parents reviennent. Ils ne sont jamais revenus. A treize ans, les adultes étaient dingues d'Arianne Backer, docteur. Et, à treize ans, Arianne mourait déjà d'envie que Paul Fillacci lui lèche le bas du dos. Je murmure :

« Je suis cette gamine, docteur. Frank Bastide est une gamine avec les dents qui se déchaussent. Une fille amoureuse. Je veux la faire fondre sous ma langue si elle revient.

— …

— Je veux qu'Arianne se dissipe dans mon organisme. Je veux qu'elle vive en moi.

— …

— Docteur ?

— …

— Avez-vous la possibilité de me prescrire du Di-Antalvic ou de la Vicéralgine forte ? Je souffre de la bouche. Une carie.

— …

— Docteur ?

— Aimez votre souffrance, Frank. Vous n'êtes pas sur terre pour aller bien. »

Je suis resté sans rien faire, les volets fermés. Un magazine people annonçait la séparation de David et Victoria Beckham. Ce n'était pas grave. Je pense qu'ils ne s'aimaient plus. Victoria avait décidé d'une vie parfaite. David était encore cet adolescent de Manchester qui cherchait dans les boîtes de nuit la même sensation que sur un terrain de foot. Les couples devraient essayer de se comprendre davantage.

A cette époque, je regarde la télévision en

espérant que le Samu vienne me chercher. Une certaine forme de vie parisienne, on pourrait dire. Je vois des animatrices fatiguées qui vendent des appareils supposés maintenir en état votre masse musculaire, des robots qui décortiquent une orange à la vitesse de la lumière. Je suis incapable de zapper sur un film de cinéma. La moindre histoire diffusée sur écran me serre le cœur.

Un soir, en robe, Arianne s'était endormie sur le canapé et j'avais aperçu le bas de ses fesses. Il est difficile d'oublier des images comme celles-ci.

J'hésitais à mettre au micro-ondes un « cordon bleu » lorsque je suis tombé sur une chaîne religieuse. Un rabbin évoquait le mensonge et la nécessité de respecter l'avenir. Le mensonge est un gosse qui se cache sous sa couverture, disait le rabbin, il est bien plus exaltant de ne pas se mentir à soi-même. Les années qui passent sont des victoires, a continué le rabbin, chaque seconde est un point lumineux, il faut aimer la poésie et cette boutique qui ferme, il faut aimer les jeux électroniques, les nouvelles modes et la franchise d'un univers qui s'écroule. Il faut accepter la fatigue et la beauté d'une inconnue qui doit le rester. Le temps n'existe pas en tant que tel, disait le rabbin. L'arbre existe. Le clair de lune existe. On ne doit pas tricher avec l'innocence d'un clair de lune, suppliait le rabbin. Mentir revient à se tuer, à tuer les autres, à tuer ceux qu'on aime plus que soi-même, disait le rabbin d'une voix tremblante.

J'ai augmenté le volume. J'aurais voulu lui poser des questions. Découvrir le pourquoi de ma si grande lâcheté. J'avais 38 ans. J'avais détruit des sourires confiants plus jolis que le monde entier. J'étais seul. Je suis allé prendre une douche. Je ne connaissais rien d'Arianne Backer. Je ne voulais pas forcément la retrouver. Je savais mes désastres. Je commençais à en prendre conscience. Je devais vivre avec mon carnage amoureux. Je manquais encore de recul et de courage. J'en avais toujours manqué. Il faut beaucoup d'énergie pour se mettre à passer des coups de fil en direction de son passé.

Il me restait Arianne Backer. Arianne ne m'avait jamais posé de question. Elle m'avait offert la possibilité de ne pas lui mentir.

Peut-être qu'elle incarnait toutes les mauvaises raisons du rachat. Il n'empêche. C'était un début de courage. Je pouvais lui parler, lui offrir un coup de main invisible, lui être utile un tout petit peu.

Le lendemain, j'ai démissionné.

« T'es grillé », a déclaré Gilles, manager du Bistrot Napolis. « En plus, t'es qu'une merde », il a rajouté. J'ai effleuré ma molaire avec le bout de ma langue, j'ai compris qu'elle commençait à bouger sérieusement. La troisième en huit mois. Je ne faisais plus partie des « forces vives de la nation ».

J'ai vendu les meubles que je pouvais vendre.

Je suis allé chez le dentiste avec l'argent qui me restait. Il était catastrophé : « Qu'avez-vous fait pour en arriver là ? »

Je lui ai demandé de travailler au plus vite sans me poser de questions. Son regard m'a filé la frousse. Je savais qu'on ne pouvait plus rien faire mais je n'aimais pas qu'on me le fasse sentir.

Assez rapidement, il est devenu inadmissible de s'endormir sans l'entendre aller chercher un verre d'eau dans la cuisine. J'ai passé des heures dans sa chambre à collectionner ce qui restait d'elle. Dans le bas de son armoire, j'ai retrouvé une raquette de tennis de table que je connaissais déjà. Un soir où j'étais dans mon lit, elle était rentrée euphorique et seule. Elle s'était allongée à mon côté, la petite raquette à la main et son long corps déplié sur ma couette. Elle sentait l'alcool. Je lui avais demandé ce qu'elle voulait qu'on fasse. Elle m'avait donné la raquette en me fixant dans les yeux. Et puis, avec un sourire, elle avait murmuré : « Juste ça, pas très longtemps. »

Il a fallu ne pas se remettre à boire en pensant à elle. Il a fallu s'enfiler des litres d'eau la nuit, avec rage, en comprenant tout le mal qu'on avait fait.

Un matin, j'ai marché jusqu'au métro. J'ai supporté le regard des autres. Je comprenais ces anciens militaires qui ne parlent plus après un massacre. Je ne voulais pas coucher avec Arianne Backer. Je le jure. Je voulais juste savoir si elle avait besoin de quelque chose. Pour le reste, je savais que cela n'allait rien changer. Dans le meilleur des cas, ma femme devait jouer aux fléchettes avec notre photo de mariage. Dans le meilleur des cas, j'étais un fardeau pour mon fils.

J'étais allé beaucoup trop loin pour qu'on me pardonne quoi que ce soit. Je n'étais plus dupe. J'avais 38 ans.

9

Je me suis retrouvé devant un pavillon chic de la banlieue parisienne. Une sorte de chasse gardée. De réserve pour familles heureuses. Il m'a fallu descendre à une station de RER et marcher jusqu'à la maison de Paul et Françoise Fillacci. La mère de Paul m'a ouvert en se tenant le dos. Elle n'arrêtait pas de se moucher. J'ai songé à une allergie ou quelque chose dans le genre. Je lui ai demandé si je pouvais attendre Paul jusqu'à son retour.

« Paul ?

— Oui, Paul.

— Mon fils ?

— Celui-là.

— Pourquoi voulez-vous attendre Paul ?

— Je dois lui parler.

— Paul refuse de sortir de sa chambre depuis ce matin. Sa femme m'a laissé un mot sur la table de la cuisine, comme quoi il ne fallait pas le déranger ni se faire du mauvais sang, comme quoi, c'était passager. Qu'est-ce que vous voulez que je vous dise ? Elle lui pardonne tout. Elle se trompe. Il faut le tenir, mon fils. »

La mère de Paul serre son mouchoir et le presse contre sa narine. Je reste muet. Elle enchaîne :

« Vingt-six patients annulés aujourd'hui. Vous vous rendez compte, la perte en euros ? Il ne file pas droit ces derniers temps. Enfant, tout allait bien. Le gosse impeccable. Il fallait être derrière lui pour qu'il réussisse mais tout allait bien. Bien sûr, il trichait, si vous saviez comme il trichait.

— Tout le monde triche, madame.

— Vous avez raison.

— Vous vivez chez votre fils ?

— Je fais le ménage.

— ...

— Le mercredi.

— ...

— Ça l'aide un peu.

— Je peux parler à Paul ?

— Ma belle-fille ne rentre que dans deux heures. Vous avez le temps. Et même après.

Vous savez, c'est une femme, comment expliquer ça, une femme qui ne pose pas de problèmes. »

J'avais chaud. J'étais incapable de bouger. Je m'étais coupé en me rasant. Je tentais de trouver une raison pour ne pas rentrer chez moi tout de suite. Je trouvais ça très difficile, à jeun, de papoter avec la mère de Paul Fillacci. Il m'avait déjà fallu sortir de l'appartement, passer devant des épiceries sans acheter à boire, prendre le métro puis un horrible train et marcher jusqu'à cette porte sans m'enfiler une bière fraîche dans chaque café.

Le salon dégageait une odeur impossible de thé et de gâteau sorti du four.

« Vous avez bien fait, finalement, d'être venu, a murmuré la mère. C'est ce qu'on appelle l'amitié. La véritable.

— C'est normal, madame.

— Il ne bouge pas de sa chambre. Que s'est-il passé ? Il se gave de cachets pour dormir. C'est une épave. Avant lundi, il travaillait si bien.

— Savez-vous où il met ses cachets ?

— ...

— Simple curiosité.

— Non.

— Qu'importe.

— Il avait décroché sa première année haut la main, la plus difficile, vous pouvez me croire. Son père et moi avons financé ses études jusqu'au bout. Je peux encore vous montrer les papiers du crédit. Il aurait même redoublé que l'on aurait rien dit.

— …

— Au début, lorsqu'il exerçait la nuit, aux urgences, en tant qu'interne, je l'ai vu faire. Je peux vous dire qu'il faisait bien.

— …

— Paul n'était pas du genre à avoir la main qui tremble.

— …

— Vous savez, il est très difficile de recoudre une plaie sur le front d'un nouveau-né sans avoir la main qui tremble. »

La mère a cessé de geindre. Elle m'a laissé passer. Je suis monté. J'ai frappé à la porte de la chambre par simple formalité, sans attendre une réponse ou quoi que ce soit. Paul m'a regardé. J'ai chopé un tas de vêtements qui se trouvait au pied du lit pour les mettre dans un coin. A l'autre extrémité de la pièce, les chemisiers de sa femme étaient impeccablement suspendus dans une armoire entrouverte. C'était une chambre unique où virevoltaient deux mondes assez différents.

Je n'ai pas eu besoin de prononcer le prénom magique pour qu'il me regarde avec des yeux brillants. J'ai pensé lui dire qu'elle était morte juste pour démolir davantage son moral. Mais j'ai manqué de courage. J'ai soulevé son corps. J'étais incapable de savoir s'il faisait semblant ou s'il en bavait véritablement à cause de cette fille. Nous sommes sortis de la pièce. J'ai retrouvé un peu de mes mots. J'ai ouvert la porte-fenêtre. La mère était en train de coudre une bêtise dans un fauteuil. J'ai tué d'un geste ses débuts de réprimandes. J'avais besoin de Paul pour commencer ma nouvelle vie.

On est allés dans le jardin. Il s'est assis sur un banc, le regard vide, il a marmonné :

« Je n'en peux plus, Frank. Je ne veux plus soigner les gens. Les gens me font chier. Soixante millions de connards. Et dans les autres pays, c'est pareil. Toujours des glaires, des prostates, des diarrhées. Les hommes sont des insectes bourrés d'angoisses qui flippent à l'idée du long sommeil.

Bien sûr, je pourrais découvrir le monde. Mais à quoi ça sert de découvrir le monde une fois à l'aéroport, Frank ? Moi, d'ici, je peux imaginer. Je peux te le faire. Je le connais par cœur, le monde, Frank. Tiens, prends la Russie. Je la vois d'ici. Des rues larges, de la vodka, des nouveaux riches et des ménagères tristes. Je peux faire ça avec n'importe quel pays. Je préfère rester dans mon cabinet. J'écoute. Je fais croire qu'on peut faire quelque chose. Du coup, ils se répandent. Ils déversent des tonnes de trouilles et de petits projets.

Ils ne savent jamais à quel point tout le monde s'en tape qu'ils vivent ou non. Parfois, ils me racontent l'achat d'un MP3, Frank. Tu imagines, l'achat d'un MP3 ? »

Sa mère nous observait de la fenêtre. Une certaine précarité se devinait sur le visage de Paul.

« Ma femme ne va pas tarder. Il faut que je te parle, a-t-il murmuré.

— ...

— Il n'y a pas grand-chose à faire.

— ...

— Pour Arianne, il n'y a pas grand-chose à faire.

— ...

— C'est une fille... enfin... disons qu'il est difficile de faire quelque chose pour cette fille. »

Il a souri en disant cela. Il a ajouté :

« Moi, j'ai fait le maximum.

— ...

— Sans avoir été totalement génial. Je dois avouer.

— ... »

Il a rigolé et la pelouse impeccable de son jardin a paru encore plus triste.

On ne disait plus rien. J'ai jeté un œil sur son bermuda informe et son large pull-over bleu. Il m'a tapoté l'épaule toujours sans me regarder. Il fixait sa mère :

« Il va falloir que je m'en débarrasse un jour ou l'autre, de celle-ci.

— Elle fait le ménage.

— Mouais.

— ...

— Il faut que tu te tires, Frank. Ma femme ne doit rien savoir. Nous allons nous retrouver assez vite. Tu n'as même pas idée à quel point nous allons nous retrouver assez vite.

— ...

— C'est toi qui décides, maintenant.

— ...

— C'est toi qui viens de décider.

— ...

— Bienvenue dans la famille, Frank.

— ...

— Il existe une maison de retraite, pas loin d'ici. Crawford. Demande John Crawford. Tu verras bien. »

J'avais ce que je voulais. Je me suis tiré sans un geste de réconfort. Un véritable camarade, que j'étais. J'ai marché vite en me répétant le nom du type. Au loin, Fillacci a couiné :

« Bienvenue dans la famille, Frank. Bienvenue dans la famille. »

Il avait une drôle de voix.

L'arrosage automatique de la pelouse s'est mis en marche et Paul est resté sur son banc.

10

Françoise Fillacci, 46 ans, blonde, cheveux raides, impeccable sur trois étages. On peut affirmer, chère Candice, que Françoise était la reine de votre catégorie. Premier étage : des sourcils dessinés au millimètre, un nez refait à la perfection, une bouche un peu sévère mais qui suscite envie et admiration. Deuxième étage : des seins d'origine et généreux. Troisième étage : de l'aquagym et des jambes qui donnent envie de parcourir le monde avec elle. Un phrasé toujours d'une grande douceur. Dans sa salle de bain, Françoise se prépare pour les vacances. Elle se rase les jambes. Elle est appliquée. Un soir, en salle de garde, Paul l'avait demandée en mariage.

Plus précisément, il lui avait soufflé, la voix

tremblante, de devenir « la femme de sa vie ». Françoise ne s'est jamais séparée de cette phrase demandée dans un murmure. Malgré Arianne Backer.

« La femme de sa vie ». Il suffit de quelques mots pour résister à tout.

La mère de Paul vient de rentrer chez elle. Françoise s'est offert un Martini blanc. Le verre est posé sur le coin d'une baignoire à l'ancienne. Françoise souffre à cause de sa nouvelle crème. Des jambes épilées, vues du ciel, cela donne quoi ? Le couple Fillacci n'a pas fait l'amour depuis huit mois.

Le dernier coït a duré six minutes. Un accouplement essentiel. Cela faisait très longtemps qu'ils n'avaient rien fait. Il fallait bien s'y remettre, il faut bien que les corps se forcent un peu, ainsi va la grande histoire d'amour, l'union qui rassure, l'acte qui perpétue l'illusion à défaut de l'espèce. Il faut du courage pour perpétuer l'illusion, parfois.

Il faut du courage pour tout, c'est bien le problème. Du courage pour se dévêtir. Il faut être une véritable héroïne du couple pour se coucher autrement que d'ordinaire, on est si bien d'ordinaire, dans son pantalon de soie avec un livre, dans un chandail tranquille, dans une chemise de nuit, personne pour t'ennuyer, et voilà que tout recommence, il faut ouvrir un peu les cuisses et y placer une queue à moitié dure et morte de trouille. Il faut éteindre la lumière. Il ne faut plus redouter l'autre. Avoir peur, vu du ciel, cela donne quoi ? Et le soulagement coupable d'après. On a baisé. Tout va bien. Tranquille pour quelque temps. Ensuite, être seule mais savoir que l'autre est là. Et le manque insupportable lorsqu'il s'en va trop longtemps. Et tout qui recommence, le mois d'après.

Du côté de Paul, les choses sont également compliquées. Le soir, même entendre sa femme respirer lui semble souvent difficile. Paul n'a jamais envie. Paul aime s'endormir en regardant la télévision.

Françoise devine. Françoise veut tout préserver. Elle va dans la chambre. Paul la retrouve quelques heures plus tard. Françoise ne dort pas. Paul déteste cette lampe de chevet encore allumée. Cette lampe rend Paul tout à fait nerveux. Paul se déshabille. Il se couche le plus loin possible de sa femme. Avec timidité, Françoise touche l'épaule de Paul. Cela donne à Paul une envie de frapper et de détruire le reste de cette vie de couple. Il est terrifié. Il fait le mort. Pensant bien faire, Françoise lui gratte le dos, convaincue de lui faire plaisir. Paul songe :

« Est-il possible de détester quelqu'un à ce point ? »

Une femme de 46 ans, cela donne quoi ? Une femme avec son mari, seule, dans un grand lit, cela donne quoi ? A quoi pense Françoise ? A son neveu ? Les femmes qui n'ont pas d'enfant pensent à leur neveu. C'est l'unique raison pour laquelle les neveux existent. En ce moment, même avec son neveu, Françoise s'ennuie. Elle le trouve tout à fait con. On ne peut pas dire qu'elle soit malheureuse. Elle est d'une grande beauté. Elle prend soin d'elle. Elle sait faire attention.

Elle aimerait que Paul travaille moins. Elle a débuté le yoga. Elle va à la chorale. Elle n'y va plus. Elle commence à se faire des plateaux-télé en solitaire. Elle a ses habitudes. Ses programmes préférés. Les séries noires américaines haut de gamme. Un matin, il y a peu, elle était seule, dans les draps. Elle s'est caressée en songeant à un jeune comédien français très apprécié de la critique parisienne : Merlin Fallet. Elle venait de lire un article sur l'acteur très élogieux concernant sa courageuse adhésion au commerce équitable. Elle ne s'en est pas voulu après. Elle était juste contente d'avoir accompli, comme les enfants, une belle bêtise.

Françoise a envoyé un chèque pour l'Asie du

Sud-Est. Paul s'est moqué d'elle. Paul ne comprend plus grand-chose à Françoise. Elle aime écouter la radio lorsqu'elle fait la cuisine. Parfois, elle descend voir sa sœur dans le Morvan. Elle est fière de son mari. Elle l'a épaulé pendant ses années d'études. Le téléphone portable de Françoise ne sonne que très rarement. Hier, elle a imaginé un inconnu qui ressemble à ce comédien remarquable. L'inconnu l'appelle et lui donne rendez-vous dans un bar. Elle s'imagine à l'hôtel avec lui. L'inconnu lui donne des ordres. Allonge-toi sur le ventre. Ecarte les cuisses. Hurle quelque chose. Elle s'exécute.

Dans la salle de bain, Françoise continue son combat contre les poils. Elle se dit qu'« on ne sait jamais ». Paul était exactement ce qu'elle voulait. Elle n'aurait certainement pas voulu mieux. Elle ne voulait pas mieux. C'était son projet, sa finalité. Il était spirituel et enjoué. Faire sa vie avec un homme pareil ne peut être qu'une immense joie. Seulement, on impose aux couples trop d'obstacles. Le physique, par exemple. Le physique est une chose bien compliquée. On nous oblige à aimer longtemps. Aimer longtemps est tout à fait possible. C'est le désir qui se retrouve coincé et qui, finalement, ne suit plus. Mais Françoise souhaite poursuivre son mariage y compris physiquement. Donc, elle s'épile.

Elle considère l'obstination tendre comme une grande vertu. C'est la raison pour laquelle Françoise caresse le dos d'un Paul Fillacci qui écarquille les yeux dans le noir.

11

Demain, Françoise et Paul partent sur la côte d'Azur.

Comme chaque année, toujours au même endroit. Françoise songe que la chose va peut-être se faire ce soir, une façon de fêter le départ, elle songe que ce serait bien que la chose se fasse avant de partir, que la chose ait lieu pour le bon état d'esprit des vacances, elle songe que Paul, malgré sa morosité, va modifier son attitude, tenter une approche sexuée pour fêter cet éphémère changement de vie. Elle est encore sublime. Dans la rue, elle sait que les hommes la regardent souvent.

Paul a dit qu'il partait faire vérifier les pneus pour le trajet de demain. Françoise est heureuse que Paul soit enfin sorti de sa léthargie. Même si elle en connaît la raison, elle n'aime pas le voir dans cet état.

Pour l'heure, il est absent. Pour l'heure, il se termine dans les fesses de la fille d'une patiente venue se faire prescrire une ordonnance de somnifères dans un bistrot, des somnifères qui permettent à la gamine de tenir le coup depuis que son père refuse de la voir à cause de sa nouvelle femme de 19 ans. Vu du ciel, cela donne quoi ?

Avant de rentrer, Paul s'enfile un cachet. Le cachet se dilue sous la langue et retire un peu de sa culpabilité. Avec un cachet, on vient tout de même d'enculer la fille d'une patiente mais on relativise davantage. Le cachet est fait pour ça. Pour relativiser. Paul a souvent tenté de calmer le jeu. De ne plus avoir envie d'un corps nouveau. Il lui est arrivé de tenir une bonne semaine. La semaine suivante, il tremble comme ces types à la bière dès le matin. Parfois, il s'offre une seconde fille avant de rentrer chez lui. Une fille facile dans sa voiture. Il transpire à peine. Il se dégoûte beaucoup lorsqu'il passe devant un hôtel où il a déjà séjourné deux heures. En revanche, il s'arrête avec mélancolie devant une porte cochère lorsque c'est avec Arianne qu'il s'y trouvait.

Paul ne baisait personne d'autre lorsqu'il baisait Arianne. Hormis sa femme, de temps en temps. C'était sa morale à lui. Il ne pouvait pas faire autrement. Avec Arianne, on ne pouvait pas faire autrement. Paul retrouve sa femme à dîner. Il se charge en vin. L'étau se resserre. Le cachet ne suffit plus. Il doit rassurer Françoise. Paul parle beaucoup pour éviter d'avoir à parler avec vraisemblance de quoi que ce soit. Il ne faut pas la décevoir jusqu'au bout. Il y a encore cette vieille phrase sacrée dite dans une salle de garde. Il faut prouver que leur histoire n'est pas terminée. Paul s'enferme dans les toilettes et se pince les joues pour retrouver l'envie. Il se souvient de son mariage, sexy en diable, de sa baise avec Françoise derrière l'église juste avant la cérémonie, de Françoise qui se dirige vers l'autel, du liquide qui coule doucement dans le creux de ses cuisses, la belle communion de leur regard à cet instant précis.

Le réveil est placé sur cinq heures du matin. Françoise et Paul Fillacci vont partir au bord de la mer. Françoise pour retrouver Paul. Paul pour une raison différente. Il rejoint Françoise dans le lit conjugal. Paul est en pyjama. Françoise aussi afin de ne pas « mettre une pression supplémentaire sur l'homme » comme elle l'a lu dans un magazine féminin. Françoise lui demande s'il n'a pas trop chaud. C'est un signe. Une annonce. On siffle le début de la rencontre.

Françoise tente de donner à cette phrase une tonalité légère qui donne envie de pleurer. Il ôte son pyjama. Elle aussi. La lumière est éteinte. Paul lèche Françoise en fermant les yeux. Il se branle avec discrétion. Ce n'est pas gagné. Cela ne va pas durer très longtemps. Six minutes, donc.

Vu du ciel, six minutes, cela donne quoi ?

Le lendemain, sur la route, Paul est bavard, euphorique, il amplifie la joie de se retrouver avec sa femme :

« On ne se fera pas avoir, cette fois, annonce-t-il, on ne se fera pas envahir, on trouvera du temps pour tous les deux. »

Françoise en profite pour poser sa main sur la jambe de son mari. Elle dit :

« L'année prochaine, on pourrait peut-être faire autre chose, louer un bateau, partir en Crète, en Croatie, par exemple ?

— Excellente idée, la Croatie », rétorque Paul.

Toute proposition venant de Françoise devient une « excellente idée ».

La terre entière est une « excellente idée » pour Paul Fillacci à l'heure actuelle, du moment qu'on lui laisse une chance de revoir cette fragile invention sortir de l'eau en bikini.

12

Crawford. Je n'avais plus que ce nom en tête. Cela me donnait des envies de batailles et de guerre des six jours. Je me trouvais dans la salle d'attente d'un dentiste. Un homme robuste, équilibré. Un homme sans doute capable de s'entraîner au squash sans se déchirer les muscles un samedi sur deux. Il m'a serré la main. J'ai compris que j'allais prendre cher. Je me suis allongé.

Le dentiste a regardé la chose, presque subjugué.

« C'est un cas d'école », il a balancé.

Il est allé mettre un masque et des gants. J'avais les mains moites et l'envie de m'évanouir sur place.

« Comment faites-vous pour tenir avec ça ?

— Je ne sais pas trop. Comme pour le reste. Je me débrouille.

— Vos gencives sont dans un état lamentable. Cela ressemble presque à une mutilation. Alors elles reculent, elles laissent vos dents devenir de plus en plus grandes, longues, découvertes et instables.

— Instables ?

— Elles sont sur le point de s'en aller, monsieur Bastille.

— Bastide.

— Monsieur Bastide.

— ...

— J'ai dû voir ça une fois dans ma vie. A Dunkerque. Un homme vieux qui n'avait jamais consulté un médecin de toute sa vie.

— Docteur, je supporte à merveille les anesthésies. N'hésitez pas à charger la dose. Je suis prêt. Allons-y. Je penserai à Arianne Backer en même temps.

— C'est une chanteuse ?

— Non. Je vous raconterai. Allez-y. Piqûre ! Et double ration, s'il vous plaît. »

Le dentiste s'est levé de sa chaise en jetant ses gants de latex dans une poubelle chromée. Il m'a expliqué qu'on ne pouvait rien faire maintenant. C'est infecté de partout, a-t-il précisé.

Un traitement antibiotique s'imposait. Il a posé trois doigts sur mon épaule :

« Ensuite, il va nous falloir un sacré courage. »

Je me suis retrouvé devant l'immeuble massif du dentiste. Il pleuvait. J'ai évalué le nombre de choses qui avaient pu démolir mes gencives à ce point. Je me suis demandé si je n'avais pas mieux à faire dans les mois qui allaient suivre que de me rendre dans cet immeuble. J'ai allumé une cigarette.

A chaque bouffée, j'ai essayé de comprendre à quel moment ma vie avait commencé à être aussi mauvaise, à quel moment, par exemple, je n'avais plus aimé ma femme, à quel moment, je m'étais refusé au moindre sacrifice. A la fin de la cigarette, j'ai marché malgré la pluie. On peut même dire que la pluie me faisait du bien. Ma bouche pouvait bien tenir encore quelques mois.

J'étais à vif, voilà tout, avec la volonté de conclure en plein soleil.

13

Je porte un appareil, à présent, Candice. Ils font bien les choses, en prison, vous voyez. Regardez ce sourire. On dirait de l'authentique. Une vraie pub pour Hollywood chewing-gum. Je n'éprouve pas la moindre rancune envers Manuel Viera. Je lui trouve même un certain courage. Un courage qu'il a toujours eu.

Par exemple, Manuel a retrouvé Arianne parmi la foule du parking de la gare de Nice. Dans un tel bordel, il fallait le faire.

Il a enfilé quelques pièces dans la fente d'un distributeur de boissons en même temps qu'il regardait la jeune fille hésiter.

Manuel est ainsi. Du genre à boire un Coca au réveil. Il est capable de se nourrir d'eau gazeuse sucrée des jours entiers sans que cela pose problème à son organisme. Il est à l'âge où l'on peut ne pas dormir pendant 48 heures et trouver ça drôle, l'âge où l'on peut dévorer un hot-dog en pleine nuit, où l'on peut brûler ses yeux des journées entières sur un jeu en réseaux. Manuel apprécie la gare de Nice. Elle ressemble à son ancien lycée les jours de grève.

Une gare étrange, étroite, incompréhensible à souhait. Une gare qui oublie ses voyageurs. Une gare incapable d'être refaite qui snobe même la propreté. La gare de Nice se moque pas mal de vous faire plaisir. Elle est un subtil foutoir qu'il faut mériter.

Parfois, gare de Nice, il y a des destinations pour des villes d'Italie dont les noms donnent envie de ne pas prévoir grand-chose. Arianne Backer, qui n'a rien d'une fille patiente (plus tard, peut-être, je vous raconterai comme elle a été capable, à mains nues, de rentrer un tuyau de gazinière dans la gorge de Paul Fillacci), Arianne Backer, donc, ignore la file d'attente pour les taxis et commence son voyage à pied. Manuel, armé de son Coca, se décide à la suivre.

Dans le vieux Nice, Manuel rêve qu'Arianne se fasse agresser. Pouvoir prendre sa défense et mourir comme ça, une lame dans le ventre, le sang déborde du coin de ses lèvres. Manuel est blotti dans les bras d'Arianne. Il imagine les derniers instants de son jeune destin. Enfin quelque chose à faire. Cette lente agonie. Une belle fin. Une fin haut de gamme pour quelqu'un qui s'est vu refuser tant de choses.

Arianne poursuit sa route par la promenade des Anglais. A quelques mètres derrière, Manuel passe devant un restaurant chic. Il y a un couple avec deux enfants. Manuel n'a pas le temps de les regarder. Cette famille ne ressemble pas à l'image de son bonheur. Il rigole même un peu. Il se sent beaucoup plus riche que ce qu'il vient de voir. Amoureux. Il n'envie pas ce père de famille, ses obligations, son revenu, son plat de résistance, son âge, sa paternité. Manuel trouve son sort plus enviable, plus électrique.

Arianne entre au Negresco. Elle fait le même parcours chaque été. Un pèlerinage. Des habitudes de profane qu'elle transforme en cheminement sacré. Manuel dévisage le dos de sa robe. Il crève de ne pouvoir pénétrer dans ce grand hôtel. Il aimerait boire de la vodka dans le creux de ses chaussures en toile. Il aimerait coller sa joue sur le sexe d'Arianne après tant de marche, de chaleur et d'heures de train.

Manuel entend le nom d'Arianne Backer pour la première fois lorsqu'elle s'annonce au portier du Negresco, le portier n'en demandait pas tant. Manuel reste devant la ronde porte blanche sans bouger. Le concierge, aussi, regarde passer cette fille fragile et sûre d'elle-même. Il ne moufte pas. Même un paranoïaque n'aurait pas moufté.

Manuel retourne sur la promenade des Anglais. Il s'installe contre un palmier et admire la façade du Negresco. Il se rêve en rock-star déchue, en homme d'affaires, en héritier nonchalant.

Une longue suite avec terrasse s'illumine. Une femme s'accoude au balcon pour regarder vers le large. On croirait une reine.

La lumière de la chambre se reflète sur la mer et les yeux de Manuel se reflètent un peu partout.

14

Deux litres de flotte en une seule nuit. Je tremblais toujours. Mon sommeil était une mauvaise blague, un long voyage, les yeux ouverts, morbide et sans fin. Je n'avais pas souvenir d'avoir connu mes doigts autrement que crispés sur une couverture ou une télécommande. Sur le câble, je suis retombé sur le même rabbin que la fois précédente :

« Règle numéro un : Ne jamais faire confiance à une puéricultrice », clamait-il. Soit. J'ai pensé à mon fils. J'ai décidé de lui téléphoner. Il était sur boîte vocale. De toute façon, je n'aurais pas su quoi dire. Ni par où commencer :

« Hyppolite, mon ami ! C'est Frank, ton père ! Ecoute, chéri. Oublie tes douze premières années et allons prendre une bière tous les deux, entre vieux potes ! Hyppolite, le mal que j'ai pu faire à ta mère est tout à faire relatif, tu sais ! Lis Duras, va voir *Breaking the waves*, tu verras. Alors chameau, qu'est-ce que tu en dis ? »

J'ai préféré ne pas laisser de message.

Je l'avais vu il y a assez longtemps. Chez mon ex-femme. Quelques secondes. Il était passé de sa chambre au garage. Je l'avais croisé dans le couloir de l'entrée. Il était obligé d'y passer. Il allait jouer au golf avec son beau-père. Il m'a salué avec infiniment de politesse et j'ai cru que je m'étais transformé en surveillant, en groom, en mauvaise pensée.

Au matin, j'ai effectué le tour de ma voiture, incapable de décider quoi que ce soit, regardant ma caisse comme on observe un animal sauvage.

J'ai attendu une heure valable pour me présenter. Je suis arrivé dans le hall de la maison de retraite avec un visage lamentable. Il m'aurait fallu une grande perfusion de morphine. Quelque chose d'immense et d'éternel. Une tranquillité placée sur du très long terme.

Il était temps, encore, de tout arrêter.

La grosse dame noire de la réception ne semblait pas très heureuse de vivre non plus. Elle touillait son café au lait avec une tige de plante verte et faisait valser son pendentif sur la page « Horoscope » du *Parisien*.

« Vous êtes Cancer ?, elle m'a fait.

— Non, Bélier.

— J'en étais sûre.

— Je viens voir monsieur Crawford.

— Vous avez des problèmes de dents ?

— Pardon ?

— J'ai l'impression que vous avez des problèmes de dents.

— Qu'est-ce qui vous fait dire ça ?

— Ma tasse de café. Je lis dans ma tasse de café au lait.

— Ce n'est pas la grande forme de ce côté-là, effectivement. »

Elle m'a demandé d'ouvrir la bouche. Je me suis exécuté. Elle a tourné son pendentif en face de mon visage :

« Ce doit être une bactérie, jeune homme. Une vilaine bactérie qui a commencé par irriter votre plaque dentaire et qui, maintenant, s'attaque à vos gencives.

— Peut-être que c'est mérité.

— Que venez-vous faire ici ?

— Je viens voir monsieur Crawford.

— ...

— John Crawford.

— Sans blague ?

— Sans blague.
— Vous ne le connaissez pas.
— …
— Vous avez dit la vérité pour votre signe astrologique. Pourquoi mentir pour Crawford ?
— …
— Si vous connaissiez monsieur Crawford, comme vous dites, vous sauriez qu'il ne s'appelle pas "monsieur" Crawford. Ni "John" Crawford. Il s'appelle : "le vieux dégueulasse".
— …
— Un vieux dégueulasse qui perturbe ce service depuis six mois. Il doit être envoyé par "le grand tentateur".
— …
— Je le soupçonne même d'avoir créé un gang au sein de cet établissement et d'en être le chef. Pourquoi avoir menti ?
— Je ne sais pas.
— Pourquoi les hommes mentent-ils autant ? »

C'était une vaste question. Parfois, je ne savais plus moi-même distinguer le vrai du faux. Il m'était difficile de répondre à cette dame en une seule phrase. Mes paupières ont commencé à s'agiter. J'ai eu le désir de me laisser tomber lourdement, de me fracasser la tête sur le carrelage et qu'on n'en parle plus. J'ai réuni toutes mes forces :

« Mademoiselle, je vais vous expliquer.

— Madame.

— Comme vous voudrez.

— Madame Soleil.

— Si vous voulez, madame Soleil.

— Non, madame du Bénin.

— ...

— Je préférerais que ce soit mademoiselle. Mais c'est madame.

— Bien, madame.

— Madame du Bénin.

— Madame du Bénin. Si l'homme est doué pour le mensonge, c'est parce qu'il existe deux sortes de femmes.

— A savoir ?

— D'un côté, les filles bien. De l'autre, les filles comme Arianne Backer.

— Foutaises. Vous devez être ascendant Taureau pour dire une telle connerie.

— Ne soyez pas agressive. Je vis sur mes réserves, en ce moment.

— Mon mari était Bélier, comme vous.

— ...

— Les Béliers feraient mieux de se méfier dans les mois qui vont suivre.

— Le signe astral ne fait pas tout, madame Soleil.

— Madame du Bénin.

— Madame du Bénin.

— Je suis bien placée pour le savoir. Avez-vous déjà égorgé un poulet vivant ?

— Non.

— Cela vous ferait-il plaisir ?

— Non, ce qui me ferait plaisir, c'est d'aller voir la mer. »

La réceptionniste a mangé sa tige de plante verte parfumée de café au lait. Puis, pleine de tendresse, elle a levé ses grands yeux vers moi :

« Tout le monde l'appelle le major Crawford. Depuis quarante ans. Même sa fille.

— Le major a une fille ?

— Oui.

— C'est bien les enfants, ça soulage, enfin, je veux dire, on n'est plus la chose la plus importante qui soit avec des enfants.

— Vous avez déjà égorgé un enfant, jeune homme ?

— Non.

— Amputé ?

— Non plus.

— Je m'en doutais. Les Béliers sont vraiment prévisibles.

— …

— Vous connaissez sa fille ?

— C'est peu dire si je connais sa fille, chère madame, j'ai été, si je puis dire, à l'initiative de l'expression “major” Crawford avec sa fille. J'ai presque un brevet pour ça. Un soir où j'étais sur les genoux du major, je vous parle de cela il y a bien longtemps, notre homme racontait ses exploits militaires, j'avais six ans, sept peut-être. Entre deux rires admiratifs, je lui ai dit : “Bon Dieu John, tu pourrais t'appeler le major Crawford.” Et voilà comment tout a commencé, chère madame, vous pouvez me croire.

— Vous êtes son fils ?

— En quelque sorte.

— Et le major ?

— Quoi ?

— Est-ce que vous connaissez le major Crawford ?

— …

— Vous ne connaissez pas le major ?

— Le major existe en tant que tel, vous savez.

— Je sais.

— Sans blague ?

— Sans blague.

— Je ne blague plus, madame. Il faut de l'énergie pour blaguer.

— Vous pouvez m'appeler “mademoiselle”.

— Mademoiselle du Bénin ?

— Non, mademoiselle tout court. On m'a quittée il y a six mois sans rien dire. Il n'a pas mis 48 heures à s'en aller. Juste quelques minutes. C'est incroyable. Il a sans doute passé des mois à ne plus m'aimer, à se demander comment trouver le bon moment.

— Il n'existe jamais de bon moment, dans ces cas-là.

— Je l'imagine en train de tourner autour de notre maison avec cette volonté en tête. Et puis d'un seul coup, il est parti. Les Béliers sont toujours lâches. Ils foncent parce qu'ils sont morts de trouille. Surtout lorsqu'ils sont ascendants Gémeaux.

— Ascendants Gémeaux ?

— Exactement. Avec un Bélier ascendant Gémeaux, vous devinez la suite, je suppose.

— Une autre femme ?

— Oui.

— Plus jeune ?

— A peine.

— Ma compagne aussi, m'a quitté, le temps d'un claquement de doigts. En plus, sur le coup, elle n'avait personne.

— Mince.

— Comme vous dites.

— Je connais quelqu'un qui pourrait vous aider pour vos dents. Et pour votre femme aussi.

— Non merci.

— Comme vous voudrez.

— Est-ce que vous faites confiance aux puéricultrices, mademoiselle ?

— Pas plus que ça.

— Vous faites bien.

— Les astres ont enquêté pour moi sur la nouvelle femme de mon mari. Une Scorpion, vous imaginez ? Une femme chargée de la communication d'une grande entreprise et… Scorpion.

— Vous êtes sûre ?

— …

— J'ai déjà essayé de tomber amoureux d'une femme chargée de la communication d'une grande entreprise. C'est très difficile.

— Vous croyez qu'il a inventé cette femme aussi, jeune homme ?

— Non, pas cette femme. Les Scorpions sont vraiment capables de comportements diaboliques. Surtout les femmes Scorpions.

— Votre nom ?

— Bastide.

— Votre prénom ?

— Frank.

— Frank Bastide, vous n'avez jamais vu le major Crawford, vrai ?

— Vrai, madame Soleil.

— Appelez-moi Marie-Jeanne.

— Vrai, Marie-Jeanne, mais c'est une longue histoire, j'ai renoncé à mon travail, à toute forme de réalité, je ne suis qu'une petite parcelle de volonté dans le noir, un service minimum diablement résolu à faire preuve de ténacité. C'est ma dernière course. Je ne veux pas abandonner la partie maintenant. Je refuse.

— Vous avez le visage gris, Frank.

— J'ai mal au ventre.

— Ulcère ? Pancréatite ? Vos dents ?

— Un ensemble. Je ne veux de mal à personne, Marie-Jeanne, je ne suis ni flic ni détective privé (mes yeux ont commencé à se remplir, j'ai enchaîné), je ne suis pas sur terre pour ennuyer qui que ce soit. Je suis tombé sur ce rabbin, l'autre nuit, vous savez, à la télévision.

— Je sais.

— Cet homme possède une telle notion du temps. Sa notion du temps ne ressemble pas *aux sanglantes mathématiques de notre destinée*, Marie-Jeanne. Avec lui, le temps n'a rien à voir avec les minutes. Avec lui, on oublie le désir absurde de trouver la meilleure place dans un parking souterrain. Avec lui, le temps, c'est autre chose.

— ...

— Avec lui, le temps en tant que tel n'existe pas. Seule cette fille que j'ai rencontrée existe réellement, Marie-Jeanne.

— ...

— Une fille incroyable. Lorsqu'elle vous regarde, des siècles entiers défilent derrière elle.

— Une réincarnation ?

— Peut-être. Cette fille possède une structure moléculaire différente des autres, Marie-Jeanne.

— Quel signe ?

— Je crois savoir qu'elle est née entre deux signes.

— Mon Dieu !

— Comme vous dites. Elle mange peu et chaque millimètre de sa peau, de son orteil à sa tempe, vous m'entendez, je crois bien que chaque millimètre de sa peau donne envie de se damner sur-le-champ. Et je ne suis pas du genre à en rajouter.

— Si elle est entre deux signes, c'est totalement dangereux.

— Vous pouvez me croire, Marie-Jeanne. Elle n'a peur de rien, vous comprenez ? Elle a commencé par être ma voisine du dessus. Et puis, c'est devenu ma colocataire. Je n'ai rien vu venir. Enfin, pas à ce point. Il faut juste que je la retrouve. C'est tout ce que je sais. C'est une histoire de point de lumière, vous voyez. Il n'y a rien de méchant à cela, Marie-Jeanne.

— C'est tout de même troublant, ce genre de fille ?

— Je sais.

— Je ne crois pas que mon mari m'ait quittée pour ce genre de fille.

— ...

— Si ça avait été pour ce genre de fille, il serait revenu.

— Je ne peux pas vous dire.

— Chambre douze, Frank. »

15

Je ne suis pas convaincu que vous seriez tombée immédiatement fan du major Crawford, ma chère Candice. Son côté militaire graveleux. Il aimait les filles en hussard lubrique, qu'elles soient de première ou de seconde catégorie. Un ogre véritable.

Le major porte une couronne de cheveux blancs autour du crâne. Pendant que je discute avec Marie-Jeanne, des gouttes de sueur se forment au niveau de ses tempes. Il a les yeux rouges. Il vous regarde toujours de loin. On sent qu'il va mourir bientôt.

Le major a déjà pris l'habitude de faire comme si l'autre n'existait plus. Une infirmière le soulève de son lit et le porte jusqu'à son fauteuil roulant. Son corps maigrelet remue dans les bras de la jeune femme. Il en profite pour respirer son parfum, son savon, sa peau chargée d'avenir. Il a de nombreuses histoires à lui raconter. Il faudrait qu'elle « reste un peu ». L'infirmière s'en va.

Le major commence ses allers et retours de la salle de bain jusqu'à la fenêtre. Il s'agite. Il veut que ses bras restent musclés. Une directrice à égorger. Une escapade. Une guerre civile à l'intérieur de la maison de retraite. On ne sait jamais. Il arrive à regagner, seul, son lit. Cet exercice lui procure un sentiment de liberté. Le major Crawford a le teint rose des Anglais qui ont passé toute une existence à bivouaquer dans un pub.

Il décroche son téléphone, tombe sur la jeune infirmière, lui propose dans un râle peu sexy, en échange de 50 euros, de revenir dans la chambre et de lui montrer ses seins. Le major mise sur cette nouvelle forme de prostitution issue du maigre revenu des jeunes salariées. Le major insiste :

« Allons, accepte donc, mon petit paquet de chips. »

L'infirmière, après avoir hésité un instant, refuse avec fermeté.

Elle s'en veut d'avoir hésité. Elle aurait dû dire « non » tout de suite. Elle espère bientôt quitter le service gériatrie pour un hôpital plus réputé, un hôpital avec des grands brûlés ou des maladies tropicales. Quelque chose de valorisant.

Crawford admet sa défaite. Il sait que, dans la dernière ligne droite, les miracles se font moins fréquents.

John Crawford a été colonel dans l'armée des Indes et parachuté sept fois en France pendant la dernière guerre. Des femmes sublimes l'ont aimé. Il a poignardé des hommes en plein sommeil, éventré des journalistes qu'il soupçonnait d'espionnage. Le major est un grand homme. Il a sauvé notre démocratie.

Je débarque. Il est allongé dans son pieu. On ne peut pas dire qu'il semble effrayé par mon apparition. En fait, il s'étrangle avec ses glaires et cela l'occupe énormément. Je l'aide à se relever. Il n'aime pas ça. Il balance entre deux quintes de toux :

« Retire tes mains de ma nuque, petite merde. J'ai 86 ans. Je ne suis pas vieux. Il va falloir, tous, vous rentrer ça dans le crâne, je ne suis pas vieux, je suis en pleine forme. Et si vraiment tu veux savoir, il y a quelques secondes, ici même, une fille mourait d'envie de se foutre à poil. Ce n'est pas à toi que ce genre de choses arriverait. 94 ans, c'est vieux. A 94 ans, on est une vieille carcasse. Mais pas à 86, petite merde. Pas à 86.

— Major ?

— Quoi ?

— Frank, je m'appelle Frank.

— ...

— Major ?

— Quoi ?

— Il faut que je retrouve Arianne. »

Le vieil homme a haussé les sourcils. De l'espièglerie est revenue sur son visage cramoisi. Il m'a regardé sans rien dire. Ensuite, il m'a ordonné de le mettre dans son fauteuil. J'ai eu la sensation de porter douze kilos.

On s'est observé. En fait, disons qu'il me jaugeait. Il s'est rapproché de moi à grande vitesse en me scrutant de bas en haut. Il a articulé :

« Tu n'as pas l'air en pleine santé.

— Je traverse une mauvaise passe.

— C'est Arianne qui t'a mis dans cet état.

— Je ne crois pas. Je pense même que cela aurait été pire sans elle.

— Je te connais, Frank Bastide. Ils m'ont déjà parlé de toi.

— Qui ?

— Le Vallauris Plage, Frank.

— Vous êtes le père d'Arianne ?

— Mieux. Je suis tout pour elle. Je suis la famille d'Arianne Backer. Je suis son petit frère. Son mari. Son ancêtre. Je fais partie du groupe. Je suis l'une des seules personnes à pouvoir… l'accepter. »

J'ai soudain eu envie d'une longue promenade. J'ai pris doucement le fauteuil du major et l'ai bloqué contre la fenêtre. Je ne rigolais plus. Je commençais même à me sentir très fatigué. J'ai ouvert la fenêtre en penchant davantage le fauteuil vers le vide. J'ai sifflé :

« Il faut m'en dire plus, major. Il faut m'aider. »

Le vieux m'a regardé comme si j'étais le Père Noël. Avec sa main droite, il m'a démoli le poignet en une seule prise. Je me suis retrouvé dans un coin de la chambre, à genoux, tétanisé par la souffrance. Il se passait enfin quelque chose dans ma journée.

D'un geste du menton, il m'a indiqué sa table de nuit. J'ai obtempéré. La chambre me paraissait encore peu stable. Je lui ai tout de même allumé son cigarillo.

« Alors c'est toi, l'heureux élu, a-t-il lancé.

— …

— Je t'attendais depuis quelques jours, en fait. »

Il a savouré son effet le temps d'une ou deux bouffées. Il a repris :

« D'abord, tu vas te démerder pour me faire sortir de cette baraque. C'est insupportable. Même les aides-soignantes ne sont plus corruptibles ! Le mois dernier, ils m'ont placé avec un vieux Bosniaque infesté de partout. Tu peux me croire, ça n'a pas duré très longtemps.

— Je vous crois volontiers.

— Il n'y a que des grabataires, ici. Du débris sans cervelle. On croirait des bêtes. Je vais venir avec toi. Je vais t'indiquer le chemin. Tu as une voiture ?

— Oui.

— Tu vas conduire. Nous allons sur la côte d'Azur.

— La côte d'Azur ?

— Tu as quelque chose contre la côte d'Azur ?

— Non, c'est l'inverse. Je voulais justement revoir la mer.

— Ne t'emballe pas trop, mon oie sauvage, je te parle de la côte d'Azur, des tongs et des connards en scooter. On ne se dirige pas vers l'océan Pacifique.

— N'empêche, major.

— Pas de sentimentalisme, fantassin. De l'action brute. On va prendre l'autoroute. Est-ce qu'il existe toujours du whisky dans les stations-service ?

— Je ne crois pas.

— Les cons. J'en étais sûr.

— …

— Il va falloir que tu ailles en expédition pour m'en trouver avant le départ.

— Très bien.

— Deux bouteilles.

— D'accord.

— Tu payes en liquide.

— D'accord.

— Single Malt.

— D'accord.

— Frank comment ?

— Frank Bastide, major. Frank Bastide.

— Je le savais. »

16

Arianne Backer vient de sortir de sa suite. Elle arrive à deux heures du matin au bar du Negresco et le bar du Negresco se transforme en documentaire animalier. La chasse est ouverte. Une chasse douce, feutrée, molle et furieuse, une chasse de haute voltige qui préfère ne pas dire son nom.

Arianne voulait rester dans sa chambre. Elle voulait attendre. Elle voulait se réfréner. Elle s'était juré de ne pas bouger cette fois-ci.

La liste commence à être longue. Elle ne veut pas savoir le nombre exact. Elle a brisé des mariages, des carrières, des foyers. Des hommes revenus de tout ont cramé leurs dernières décennies pour la revoir juste une fois. Sans résultat. Arianne Backer ne donne jamais suite.

Il a fallu qu'elle sorte malgré tout, qu'elle mette une jupe ample et sexy, qu'elle traîne dans un endroit où des hommes boivent et sont gonflés de tristesse. Il y a quelques heures, elle était sur son king size. Rien ne pouvait la calmer. Ni la lecture, ni le moindre bain. Le soir, avant de faire ce qu'il faut, Arianne est incapable d'oublier ce qu'elle est. Elle en tremble. Elle se souvient exactement comment les choses ont débuté. Cela commence à faire beaucoup. Arianne n'aime pas admettre qu'elle est à ce point fautive, coupable sur toute la ligne, impardonnable.

Elle tente de se calmer, fait fondre le contenu d'un tube homéopathique sous sa langue, reboit quelque chose. Rien ne change. On ne trouve pas de consolation lorsqu'on possède un tel passif. Elle pense à Paul Fillacci. Elle cherche une autre solution que le Vallauris Plage. Elle n'en trouve pas. Elle allume la radio, les informations. Elle se murmure que le matin est beaucoup moins dangereux pour tout le monde.

Arianne s'installe à une table isolée des autres clients. Elle va commander une coupe de champagne. Elle ressemble à une jeune fille perdue qui remonte lentement à la surface avec une infinie délicatesse. Au lycée, elle avait déjà ce truc enchanté. Elle portait déjà un parfum d'homme et se révélait plus douée pour le sarcasme que les autres filles de son âge. Essayez un jour de lutter contre une fille douée pour le sarcasme qui porte un parfum d'homme. Le regard d'Arianne est un regard sombre. Les hommes devraient se méfier. Un regard de cinéma américain. Un regard à vous donner envie de vous jeter d'un immeuble. Un regard qui vous fait comprendre bien vite que vous n'allez pas sortir indemne de tout ça.

Evidemment, son professeur de français était amoureux d'elle. Il faut bien que les professeurs de français servent à quelque chose. Evidemment, plus tard, son directeur de mémoire a deviné que le monde était catastrophique et génial lorsqu'il penchait du côté d'Arianne Backer. Evidemment, les femmes lui trouvent toujours quelque chose de « douteux ».

Evidemment, Arianne donne toujours l'impression de regarder les objets en passant, un peu de haut, sans faire attention et en se moquant d'à peu près tout.

Ce soir, en véritable droguée, notre merveille sait exactement ce qu'elle cherche. Un homme qui l'aborde, qui lui promette un long voyage pour mieux l'embrasser furtivement dans les pires recoins, un homme qui se jette dans le piège en souriant. Il lui arrive, avant de faire l'amour, d'avoir de grands remords. Comment ai-je pu en arriver là ? Comment peut-on un jour me pardonner tout ce que je viens de faire ? La première coupe n'a rien d'efficace. Il faut attendre. Ne pas passer au « 40 degrés » tout de suite. Le « 40 degrés » fait fuir les proies potentielles. Il faut rester au champagne pour l'instant malgré l'impression de s'enfiler un verre d'eau gazeuse. Arianne attend le moment, où, tard dans la nuit, elle ne se sentira coupable de rien, où le type lui pardonnera la rafle d'une bouteille de vodka dans le bar fermé.

Mademoiselle Backer attend le moment où elle retrouvera son goût du vide et de la destruction. Combien d'hommes, déjà, ne s'en sont jamais remis ? Il faudrait réussir à rectifier le tir, à calmer le jeu, au moins. Il faudrait commencer par ne pas sortir ce soir-là.

N'en pouvant plus, Arianne se maquille. Elle se dit, par exemple, que Paul n'a pas cherché à la joindre, que c'est un soir de début d'été, que c'est juste l'histoire d'un verre. Reste la nuit. L'effervescence de la nuit, la nuit qui tire Arianne par la manche. La nuit et les sous-sols fabuleux qui l'accompagnent. Reste le pauvre bougre qui va venir se lover dans sa propre fin.

Vallauris Plage

Le matin est toujours affreux. La température. L'odeur. Le cendrier qui déborde. La lumière à travers les rideaux. Le souffle. La douleur physique. Le mal-être.

Le matin, Arianne se jure d'arrêter tout ça.

« C'est un peu de leur faute », songe-t-elle, en arrivant au bar du Negresco. Le serveur lui demande ce qu'elle désire.

« Une coupe de champagne », sourit Arianne, la mine hésitante, presque humblement, comme si c'était la première fois.

17

Il existe un homme de 48 ans, en séminaire à Nice, chef de produit « amande douce » de la marque Lindt, un homme qui présente encore bien. L'amande douce, chez Lindt, est en pleine expansion. Elle est appréciée des enfants et des personnes âgées. Les adultes, aussi, raffolent de l'amande douce, surtout les anciens boxeurs ou les vieux toxicomanes. Un homme de 48 ans, donc, est accoudé au bar du Negresco. Au début, il voulait rester dans sa chambre, regarder un match de foot, commander une salade, un fromage, téléphoner à sa femme et boire de la Badoit. Un tel emploi du temps aurait été préférable pour son taux de Gamma GT. Autour de lui, les pontages cardiaques des camarades se multiplient de manière inquiétante.

Malgré ses dernières analyses de sang, l'homme de 48 ans termine son verre d'alcool fort au bar du Negresco. Il ne sait pas qu'à quelques kilomètres, le Vallauris Plage ouvrira bientôt. Et, avec le Vallauris, quelques irréductibles qui ne seront présents que pour une seule et unique raison.

La raison est pour l'instant tout à fait discrète, au fond du bar, dans un coin, en jupe mauve. On croirait une étudiante avec son grain de beauté sur le haut de la lèvre.

Parfois, notre homme se sent aussi jeune que son fils aîné. Par exemple, il a été un étudiant en école de commerce tout à fait festif. Il n'a pas l'impression d'avoir beaucoup changé depuis. Il jette un œil condescendant sur les filles blondes au teint orange et sur les hommes couperosés qui composent le sud de la France en général et le salon du grand hôtel en particulier. Son existence s'articule autour de réunions, de longues tirades au téléphone, de prostituées plus rarement, de pauses-café, de promotions, de week-ends, de vacances, de maladies et de naissances.

Au bar boisé du Negresco, notre homme aperçoit cette fille, à quelques mètres, le regard noyé dans sa coupe de champagne. Incroyable.

Cette fille l'aperçoit à son tour et lui sourit. Un beau sourire. Triste et grave.

Bien sûr, dans quelque temps, il va se jeter contre le mur d'une ferme sur une route départementale. Bien sûr, ce ne sera qu'un accident.

Auparavant, dans les toilettes du Negresco, Arianne l'aura pris dans sa bouche brûlante, puis, elle se sera retournée, elle aura soulevé sa jupe mauve et ample en le regardant, puis, elle se sera penchée comme aucun être humain n'est capable de se pencher. Arianne offre toujours son cul avec un don inouï d'animalité et de délicatesse en un même mouvement. Cambrée, les fesses nues, il est difficile de faire un choix entre Arianne et la naïveté.

Doit-on vraiment plaindre ce monsieur de 48 ans, doit-on regretter qu'il laisse bientôt son poste à quelqu'un d'autre, ce poste formidable de « chef produit » dans les « amandes douces » ?

18

Je me suis remis à conduire. Vous ne rêvez pas, Frank Bastide s'est remis à conduire. Il faut raconter ce pauvre Frank Bastide, pendant des années, incapable de piloter quoi que ce soit, pas foutu de faire cinq kilomètres sans les joues brûlantes, le désir macabre de se foutre en l'air, avec le cœur qui s'accélère à chaque changement de vitesse et une vilaine envie de tourner dans le ravin dès qu'il se présente. La première fois, j'avais arrêté net la voiture sur la bande d'arrêt d'urgence en songeant que ce mauvais tic n'était que passager, que tout cela allait rentrer dans l'ordre. J'avais téléphoné à mon psychanalyste pour savoir ce que je devais faire. Il m'avait répondu que je devais procéder « étape par étape ».

Ensuite, on a beau fumer des cigarettes, bouffer des horreurs sucrées et brancher l'autoradio sur des débats de haute voltige : ensuite, rien n'y fait.

Je n'ai pas eu de peine à cacher tout cela au major Crawford. L'ancêtre savourait sa fuite et son whisky. Il m'avait fallu une corde pour caler le fauteuil dans le coffre entrouvert. Je me comportais comme un type gentil, surtout ne pas affoler l'ancestral Anglais, surtout qu'il n'aille pas s'imaginer le nombre d'hectares au monde que j'avais à me faire pardonner. Le major me racontait ses virées nocturnes avec le prince du Danemark, un homme « tout à fait simple » qui n'avait de cesse de rendre heureux son peuple et les jolies dames qui formaient son « royaume ». Je n'écoutais pas vraiment. J'étais bien. Je n'avais presque plus mal aux dents. Je voulais venir en aide à Arianne pour me sentir moins seul. Je voulais purger un peu de mes fautes en lui faisant plaisir.

Le simple fait d'être amoureux, de rouler vers le sud et de vouloir prendre soin d'elle me rendait meilleur. Je savais ce qu'Arianne sentait le matin. Je savais le bonheur d'utiliser la salle de bain juste après elle. J'avais goûté au son de sa voix les jours où elle avait mal à la gorge. Un son étrange. J'ai demandé au major de me raconter cette drôle d'invention qu'était Arianne Backer.

« En tant que chauffeur, major, j'ai le droit de savoir. »

Le major a allumé un centième cigarillo. Arianne connaissait les hommes depuis le début. Depuis son père, ancien chanteur d'opéra et compagnon du major. Depuis son frère dont le major s'était occupé. C'est dans un bar que le major avait annoncé à Arianne le décès des deux hommes. Arianne n'avait pas pleuré. Elle s'était levée pour aller aux toilettes, « mais je suis sûr que ce n'était pas pour pleurer, elle portait des bottes comme dans certaines régions retirées du Nouveau Continent. A son retour, elle m'a proposé d'aller manger une “entrecôte bleue” dans un restaurant modeste où l'on servait une sauce verte dont trois personnes seulement détenaient le secret. Elle a terminé son assiette. Une sacrée fille, vous savez. Qu'importe l'âge et le sexe. Nous sommes tous amoureux d'elle.

— Et Arianne ?

— Quoi ?

— Et Arianne ? A-t-elle déjà aimé quelqu'un ?

— Vous plaisantez ? »

Vallauris Plage

Le major a beaucoup toussé.

Du coin de l'œil, j'ai vu qu'il était un peu dans l'embarras.

Il m'a proposé sa bouteille de Single Malt.

J'ai refusé.

19

Un petit clan sous le soleil bourré d'ombres et d'histoires. Un dernier rempart qui ne dit jamais rien. Barbara Rose, propriétaire du Vallauris Plage, vient d'ouvrir les lieux. Elle s'est couchée tôt. Elle s'est préparée depuis plusieurs mois. C'est un théâtre dont les spectateurs ne savent rien de la femme qui le tient et qui pleure avant d'entrer. Barbara Rose est debout, plutôt satisfaite d'être vivante au printemps et d'avoir trouvé la force de venir. Cela n'avait rien d'évident. Elle touche sa poitrine neuve. Elle a presque faim.

Elle aperçoit, dans le reflet des portes vitrées du Vallauris, son corps mince, ses cheveux bruns coupés court, ses 62 ans. Les chaises sont encore sur les tables. Il va falloir ouvrir le bal. Barbara Rose regarde le vent se lever et les parasols de toutes les couleurs qui commencent à devenir fous. Elle était passée début mars, seule, à cette période où rien n'existe encore. En mars, la plage est un mélange d'algues hivernales et de déchets. L'été est grisant. La plante des pieds brûle et les destins se décantent.

La vie de Barbara tient dans les quarante mètres de long et les vingt-cinq de large du Vallauris Plage.

Au bout de ces vingt-cinq mètres, la petite Méditerranée, gamine toute sale et fort ratée. Il est possible de poursuivre un peu l'affaire grâce à un vieux ponton. Les jours de beau temps, les adolescentes du Vallauris y déposent leurs serviettes de bain pour ne pas avoir à louer un matelas. Barbara Rose laisse faire. Sa poignée de « clients » aime les lolitas qui s'installent pour quelques heures. Barbara est une femme toujours musclée, plus mince qu'avant, fière de son corps d'athlète et de ses sourcils épilés. Elle n'a pas voulu qu'on vienne la voir cet hiver. Elle est heureuse de se trouver seule encore quelques minutes. Elle tenait à respirer son terrain en plein air sans dire un mot. Un terrain chargé de drame et de beauté.

Barbara Rose est arrivée avec des légumes et

des fruits, elle a ratissé le sable dès l'aube. Elle a amarré elle-même les pédalos.

Pour tout ce travail, il n'est pas impossible que de nombreux fantômes lui donnent un grand coup de main.

20

Un hurlement joyeux de Paul, entre le chanteur de music country et le supporter du PSG, annonce le début des vacances.

La décapotable des Fillacci s'offre un demitour en pleine route pour se garer face à la plage privée. Françoise embrasse Barbara Rose avec effusion. Paul se dirige vers l'aquarium, puis en cuisine, pour réserver son poisson favori tout en louchant par-dessus ses verres fumés sur les fesses d'une jeune Hollandaise à peine réglée. Le cuisinier ne répond rien. Fillacci insiste.

« Il n'y a pas d'autres clients ce midi, vous l'aurez, votre poisson. »

Fillacci feint de ne pas entendre le ton cassant du cuisinier.

Il est fort entraîné à cela.

Françoise est radieuse. Elle confie à Barbara son bonheur de retrouver le parfum d'ambre solaire, le goût du turbot grillé et ce sable si doux même les jours de mistral :

« Je vous ferai des cakes aux olives, madame Rose, et même au citron, comme chaque année. Et à la noisette, aussi. C'est une nouvelle recette. Et diététique en diable, vous verrez.

— Diététique en diable ?

— Oui, vraiment.

— …

— Je suis heureuse de vous revoir, vraiment, Barbara. Comment s'est déroulée l'arrière-saison ?

— Bien.

— Je m'en doutais. »

Françoise regarde ses chaussures de plage neuves et cherche à poursuivre malgré tout :

« Nous aussi, nous avons eu très beau temps, enfin moyennement beau, disons même qu'il a fait franchement mauvais certains jours.

— … »

La gentillesse vissée au corps, Françoise s'entête :

« Paul et moi avons passé beaucoup de temps au cinéma et au théâtre cet hiver. Si nous pouvons vous être utiles lorsque les touristes vont arriver, n'hésitez pas. Nous sommes plus que des clients. Après tant d'années ! »

La voix de Françoise Fillacci se perd un peu dans le vent. Elle s'accroche :

« J'ai aussi découvert de formidables séries américaines, cette année.

— ...

— Je suis tout de même un peu maussade, ces derniers temps.

— ...

— Enfin, on se plaint tout le temps. Vous ne croyez pas ?

— ...

— Aurons-nous la chance de voir le major ?

— Oui.

— Et Arianne, est-ce qu'elle pourra passer ?

— J'imagine.

— Vous avez des nouvelles ? Est-elle toujours aussi ravissante ? Dire qu'on l'a vue naître.

— Je pense qu'elle est toujours aussi ravissante. »

Françoise a le ventre qui la brûle d'un seul coup. Barbara, derrière ses lunettes sombres, ne relance toujours pas. Elle préfère se détacher de Françoise et de cette conversation. Françoise ne sait plus trop quoi dire. Elle n'a plus de « sujet valable ». Elle envie Barbara Rose.

Ne pas avoir besoin de parler pour être à

l'aise. Elle envie son autorité immédiate, évidente. Elle imagine Barbara comme une dame capable de dormir dans le même lit qu'un homme, entièrement nue, le sexe offert, sans que l'homme ose lui demander quoi que ce soit.

Barbara Rose n'en est plus à plaire ou à se faire aimer. Seule cette dernière saison la passionne. Le temps presse. Il faut que son petit commerce soit impeccable. Il faut s'efforcer à la plus grande qualité d'accueil et tout réussir avant la fin des vacances. Ainsi vit Barbara Rose. Une légende en retraite encore capable d'un ultime coup d'éclat.

Paul Fillacci se tient à l'écart des deux femmes. Il observe une jeune mère de famille allongée sur le ventre qui dégrafe son soutien-gorge. Il est touché par la délicatesse de l'opération, par cette volonté farouche de tout faire pour qu'on ne voie pas ses seins. Il bande un peu.

Barbara offre un thé à Françoise. Elle effleure rapidement ses doigts en lui donnant la tasse. Françoise ne remarque rien. Elle est loin d'imaginer que Barbara aimerait beaucoup lui faire vomir sa bonne éducation. Une poignée de nuages, anormal en cette saison, arrive de l'arrière-pays.

Barbara jubile. Elle adore les mauvaises

conditions climatiques. Françoise grimace. Elle aurait voulu commencer dès maintenant son bronzage pour l'été.

Paul Fillacci, allongé sur un transat, se laisse anesthésier par le soleil encore présent. Il se repose. Il devinc les semaines à venir. Il se doit d'être en forme physiquement pour supporter ce drôle d'été. Françoise a décidé de faire quelques brasses.

Puisque c'est la dernière année du Vallauris Plage, en nageant, Françoise espère la Croatie pour l'an prochain.

21

Arianne fixe une corbeille de fruit. Une pêche étouffe dans son emballage en plastique. Arianne éprouve aussi quelques difficultés à respirer dans la chambre de l'homme de 48 ans. Un grand soleil chauffe les draps et fait transpirer son corps rouge en plusieurs endroits. Le réceptionniste du Negresco continue d'appeler la chambre 302. Personne ne répond. « Surtout, ne faire aucun geste qui puisse réveiller l'homme de 48 ans qui vient juste de s'endormir », songe Arianne.

L'homme a voulu profiter de la jeune fille jusqu'au bout, le plus loin possible, c'est après seulement que le sommeil l'a absorbé. L'homme a baisé Arianne dans toutes les positions, jusqu'à devenir méchant, jusqu'à voir les traits de la jeune fille se crisper. Arianne se recroqueville. Ses coudes touchent ses genoux. Elle doit trouver le courage de retourner dans sa chambre. De fermer les volets. De prendre une douche. D'oublier. Face à elle, le dos de cet homme.

Il a fallu attendre qu'il accepte de s'endormir. Arianne se demande si la religion n'est pas une idée moins stupide qu'il y paraît. Les saintes, par exemple. Est-ce que les saintes ne sont pas des filles seules qui vivent en colocation à Paris ? Peut-être que les saintes existent, après tout, et que l'humanité entière vient de l'oublier. Avant qu'il ne se place à l'autre bout du lit, il a fallu se détacher de ses bras, refouler son sursaut de désir, attendre un peu, il a fallu ne pas faire comme lui, ne pas se défouler tout de suite, ne pas entrer dans le jeu, les conséquences auraient été catastrophiques.

Arianne se lève en silence. Elle va jusqu'à la salle de bain. Elle souffre. Elle ouvre son sac et trouve une crème vaginale pour la réconforter. Il était impossible de faire autrement, se raisonne Arianne. Il n'y avait que cela à vivre cette nuit-là. L'idéal serait d'avoir la force de se diriger vers la tempe de l'homme avec son talon aiguille. Il faut voir cette tempe, aussi. Une si belle tempe. Totalement inadmissible de posséder une tempe pareille.

Arianne a songé à cette tempe toute la nuit. La nuit, Arianne est capable de tout. La nuit, elle aimerait que le désastre aille encore plus loin. La chambre ressemble à une ville après bombardements. Les bouteilles vides. Les verres renversés. Les serviettes de bain jetées sur la moquette. Arianne laisse toujours ses vêtements dans un coin de la pièce. Ainsi, elle évite le drame d'avoir à chercher une culotte à tâtons sans réveiller l'autre.

L'homme de 48 ans ne se pose pas toutes ces questions. Il dort. Il vient de passer une nuit inoubliable avec une télé qui diffusait des clips sur MTV, pour un fond plus romantique. Assise sur le rebord de la baignoire, Arianne rêve à cette tempe. Du foutre en abondance est collé sur ses poils. Peu de filles peuvent accepter tout ce que fait Arianne Backer durant une seule nuit. Il faut du courage et de la folie comme chez les grands aviateurs. Un homme de 80 kilos. Des heures sur elle. Plusieurs fois. Le sucer lorsqu'il a joui. Le remettre dans son cul à nouveau. Attendre. Lécher ses cuisses. Recommencer. Faire la fille qui aime, qui meurt d'envie de réveiller l'immeuble et qui n'ose pas.

Finir le travail maintenant que la suite est largement payée. Surtout, qu'il dorme et que son visage retrouve un semblant d'honnêteté. Ensuite, faire en sorte de tourner la page. Arianne est une politique de terre brûlée à elle toute seule. Elle ferme les yeux. Elle imagine un marteau à présent. Avec un marteau, si le geste est réussi, la pointe s'engouffre aisément dans la tempe et l'acte devient silencieux, presque beau.

Arianne entend l'homme se réveiller. Il l'appelle. Elle crève de ne pouvoir se planquer. Il ouvre la porte de la salle de bain. Arianne lui sourit. L'homme cherche et trouve à dire un mot charmant. Ils s'enlacent. Puis, Arianne se tourne en élève consciencieuse et s'accroche au lavabo. Elle devine. Il veut la prendre à nouveau et l'observer dans la glace en même temps. Le visage d'Arianne se lève. Il voit ses grimaces. Il aime ce rictus. L'homme lui donne une claque sur les fesses avant d'aller se recoucher.

Il est midi. Les informations régionales commencent sur France 3. Arianne ne trouve pas la force de prendre une douche. Elle s'habille vite. Elle ne parle pas. Elle passe devant l'homme de 48 ans allongé et ferme la porte sans faire de bruit. Après quelques mètres, elle croise une femme de chambre. Arianne est irritée par le regard de cette femme. Un regard orgueilleux et altier. Un regard qui n'y comprend rien.

Arianne allume la télévision.

Elle mérite un peu de présence.

La météo de France 3 annonce un drapeau vert et un large ciel bleu sur la ville de Nice.

22

Crawford savoure la route comme savent faire les gosses ou les grands rescapés. Il connaît le chemin par cœur. Il regarde chaque bolide nous dépasser et devient enthousiaste lorsqu'on croise un gros camion. Après un péage, il aperçoit un restaurant « Buffalo Bill » :

« Il faut s'arrêter là, Frank. Cette chaîne est en difficulté. Une sale affaire. Un procès des plus injustes. Il faut qu'on mange ici. Voyez-vous, je suis très sensible à la marque "Buffalo Bill", aux serveuses avec leurs jupes en jean, aux banquettes rouges, à l'Indien dès l'entrée. J'aime les T-Bone steaks du Buffalo et leurs salades gratuites. »

Crawford commande plusieurs margaritas à la suite qu'il boit d'un trait. La viande reste dans son assiette. Son appétit ne suit pas sa volonté. Je louche sur le vin californien de la table d'à côté. Le major demande un pichet. Il en avale la moitié puis me demande de me rapprocher pour mieux me frictionner l'épaule :

« Moi aussi, il m'est arrivé de boire, cher Frank. Des années terribles. Du gin dès le matin. L'intestin toujours brûlé. Je ne savais même plus pourquoi. J'avais l'intérieur du ventre qui devait ressembler à un nid d'acide sulfurique. Je ne sais toujours pas comment mon organisme a pu survivre à tout ça. »

Le major écrase son cigarillo dans le bol à salade :

« Et puis, je me suis retrouvé dans ce mouroir stupide à m'emmerder comme jamais. Tous ces vieux, Frank ! A la limite, s'ils avaient des souvenirs, un chagrin, une horreur à raconter, ça ferait de la conversation. Rien du tout. Même plus de passé. On m'a donné de nombreux cachets histoire de me réduire aux seules petites choses du quotidien. J'ai fait celui qui voulait bien s'intégrer. En fait, j'attendais. Dans un coin de mon cerveau, j'attendais, Frank. »

Le major me serre la nuque en me tirant les cheveux :

« Et me voilà en pleine forme, canaille. Grâce à vous ! Ne me regardez pas comme ça. Ne vous faites pas de bile, Frank. Tout va bien se passer. Votre Crawford est du côté de ceux qui boivent. Définitivement. Tenez, je vous sers un verre. Qu'est-ce que vous voulez faire sans chaleur dans le ventre ? De l'aquarelle ? Du footing ? Le nombre de fois où j'ai arrêté de boire, mon cher Frank. Le nombre de fois où j'ai rêvé que je buvais. A présent, c'est du rab. Des grandes vacances. Fermeture définitive. Je fais ce que je veux. La première tentative à l'eau, ce fut pour ma femme. Une femme incroyable, mon cher Frank. J'ai même été marié. Une femme qui devinait tout. Une patience de grande dame. Elle savait mon addiction. Elle n'a jamais rien dit. Un cœur d'élite, cette femme. Parce qu'elle ne m'a rien demandé, parce qu'elle a eu cette élégance-là, j'ai décidé de tout interrompre du jour au lendemain pour la naissance de ma fille, Frank.

— ...

— Un jour où je terminais une maquette de porte-avion sans trembler, le téléphone a sonné. Ma femme était morte. Je n'ai rien compris. Ma femme. Morte avant moi. Et cette navrante maquette d'avion. Nom de Dieu, Frank. Pendant l'enterrement, chacun semblait accepter que le cœur de cette reine se soit arrêté. Les idiots. J'avais fait la guerre. J'avais vu des copains crever contre mon épaule. J'en avais tué quelques-uns. Mais ma femme, Frank. Aller dans un cimetière à la Toussaint. Rester debout face à la tombe de sa femme. Vous vous rendez compte ? »

Le major a tenté une main câline sur la jambe de la serveuse qui passait. Il a poursuivi :

« Je ne suis pas allé au cimetière les années suivantes. Un cimetière, c'est pour les gens qui s'accommodent, les gens trop peu sensibles. J'ai acheté une boutique à la place. Un vrai bijou. Je l'ai transformée moi-même, refaite de fond en comble. Au départ, c'était une boucherie. Une vieille boucherie héritée d'un oncle, une boucherie dont même les mouches ne voulaient pas. Moi aussi, quand j'y passais, j'en avais des difficultés respiratoires. Alors m'est venue l'idée du siècle, mon cher Frank. Changement de cap. On vire les tripes, les saucisses, les épaules d'agneau rances. »

Le major s'est un peu écroulé dans son assiette. Il a continué de parler mais c'était moins compréhensible :

« Place aux vêtements haut de gamme, Frank. A la musique d'ambiance. Place à la chemise déstructurée et à la veste en lin. Place aux man-

teaux dégriffés et aux pantalons taille basse. Cette boucherie était devenue le comble du chic dans tout le IXe arrondissement de Paris, mon cher Frank. Vous auriez dû voir le début des soldes, les gamines hystériques, leurs transpirations nerveuses, leurs cris, lcs combinaisons essayées à même la peau.

J'étais Dieu dans cette boutique. J'étais celui qui assistait aux engueulades pour une jupe courte et aux cheveux tirés pour une paire de bottes. »

Le major a fermé les yeux :

« Lorsque j'en voyais une qui s'en allait avec deux pulls, j'avais le choix de la laisser partir ou pas. J'avais le choix, Frank. Comme en temps de guerre. C'est formidable d'avoir le choix. »

Puis, il m'a souri bizarrement :

« Mais passons, nous avons à nouveau le choix, n'est-ce pas, Frank ?

— ...

— Rien n'est fait.

— ...

— Nous sommes en temps de guerre. »

23

Manuel Viera est assis sur le trottoir, devant l'hôtel « Belles Roches », à la sortie de Juan-les-Pins. Il pourrait poser face à un photographe new-yorkais pour des fringues d'anorexiques. On l'imagine facilement traîner devant son lycée, vivre chez ses parents, se défoncer à la bière en fumant des joints, considérer le nihilisme comme la moindre des choses. On l'imagine se passionner pour les éjaculations faciales sur le visage d'une Asiatique mineure diffusées par le net. Rien du tout. Manuel est amoureux d'Arianne Backer. Le reste n'existe plus. Les vacanciers passent devant Manuel en songeant que pour cette génération de coiffeurs, l'histoire de France commence au groupe Nirvana. Ils se trompent. Manuel se moque aussi du groupe

Nirvana. Il penche sa tête plus que d'habitude. Il aimerait trouver dans le goudron une réponse aux jours qui vont suivre.

Manuel porte les cheveux longs et une façon bien à lui de remettre sa mèche derrière son oreille en même temps qu'il crame avec un briquet « USSR » son nœud de bracelet brésilien.

J'ai croisé Manuel pour la première fois, ma chère Candice, en face de l'hôtel « Belles Roches ». Sans le savoir. Je n'avais pas le temps de remarquer qui que ce soit. Il fallait s'occuper du vieux. Le directeur de l'hôtel a reçu Crawford en se courbant le plus possible. Il lui a proposé une junior suite au tarif d'une chambre double. De loin, Manuel nous a regardés faire. Il ne se doutait de rien.

Après avoir répondu à une annonce, Manuel, les cheveux attachés, arrive en avance au rendez-vous fixé avec le directeur de l'hôtel. Le directeur demande à Manuel de fermer la porte du bureau. Manuel s'exécute. Le directeur en profite pour mater son dos. Manuel propose ses services en tant que saisonnier. Le directeur reste silencieux. Il s'imagine lécher les couilles de Manuel sur-le-champ si les circonstances sont favorables.

Manuel perçoit assez vite du sexe dans les yeux du directeur. Il préfère se taire. Il a passé la nuit dehors. Il a faim. Il aspire à un peu de confort. Une douche et un lit. Être propre avant de retrouver Arianne Backer. Retrouver Arianne Backer. Quitte à faire la côte d'Azur dans tous les sens et à accepter le regard frelaté de ce petit chef.

« Savez-vous, jeune homme, que vous vous trouvez dans l'établissement le plus romanesque de la Riviera ?

— ...

— "Un diamant gros comme le Ritz", cela ne vous dit rien ?

— ...

— "Tendre est la nuit".

— Non, monsieur.

— Qu'importe. Que trouvez-vous d'intéressant dans le métier de voiturier ?

— Tout.

— A savoir ?

— L'odeur de l'essence, le bruit du moteur, les créneaux, le service rendu, les vitres électriques, les vidanges.

— Personne ne va vous demander de faire des vidanges.

— J'adore les vidanges, les pots d'échappement, les coupés japonais, les fermetures automatiques.

— Vous ne volez jamais ?

— Non, monsieur.
— Vous voulez vraiment ce job.
— Oui.
— Ce n'était pas une question.
— …
— Vous savez où dormir ?
— Non. »

Le directeur a de moins en moins de salive. Il fait son maximum pour que Manuel ne remarque rien.

« Je vais arranger cela », murmure-t-il.

24

Je suis passé à la réception de l'hôtel « Belles Roches ». Je voulais de l'aspirine pour mes dents. Rien que de l'aspirine. Ma gencive était rouge et un goût de sang se pointait lorsque j'y mettais ma langue. Un comptoir dans le genre « La croisière s'amuse » me séparait du concierge. Il portait un costume blanc et une cravate noire. J'ai grincé :

« Même à l'hôtel "Belles Roches", vous n'avez pas d'aspirine ?

— Non, monsieur.

— C'est bien la peine de vous appeler l'hôtel "Belles Roches".

— Ce n'est pas l'hôtel, monsieur.

— …

— C'est la loi. »

Je me souvenais vaguement d'un truc juridique, lequel, il est vrai, interdisait l'aspirine dans ce genre d'endroits. J'ai continué :

« Et Fitzgerald, il faisait quoi ?

— Pardon monsieur ?

— Il faisait quoi, après une cuite, Fitzgerald ?

— Je ne sais pas, monsieur.

— Francis Scott demandait à votre ancêtre de l'aspirine. Et on la lui donnait. Voilà tout.

— Alors ?

— …

— Alors peut-être aussi en avait-il dans sa trousse de toilette, monsieur. »

Je me sentais très fatigué par ce concierge. J'ai machinalement baissé les yeux sur le cahier qu'il tenait. J'ai vu le nom d'Arianne Backer.

« Mademoiselle Backer est ici ?

— Non. Ce que vous venez de voir est la liste des prostituées résidant sur la côte pour l'été. »

J'ai toussé. Je commençais, aussi, à avoir mal à la gorge.

« Vous êtes sûr ?

— C'est une liste de "filles faciles", si monsieur préfère.

— Je préfère. Et je n'aime pas cette liste, monsieur. Je n'aime guère les listes en général.

— …

— On a tous quelque chose à se reprocher, n'est-ce pas ?

— ...

— Des péchés ?

— Je ne sais pas, monsieur. Peut-être.

— Ecoutez, mon mal de dents vient de se doubler d'une virulente angine. Vous pouvez vérifier auprès de mon psychanalyste. Cela m'arrive à chaque fois que je suis contrarié. Il faut que vous fassiez quelque chose.

— Je peux appeler un médecin.

— Non, pas de médecin.

— ...

— C'est juste un manque d'aspirine, votre climatisation trop forte et votre liste qui m'ont procuré ce début d'angine.

— Je suis désolé, monsieur.

— Ce n'est pas de votre faute. Ce n'est jamais de votre faute. Ce sont les amygdales.

— ...

— On m'avait prévenu qu'une opération s'imposait. Refus catégorique de ma part. Depuis, j'ai souvent des angines. Mes amygdales restent tapies dans ma gorge, prêtes à charger à la moindre fatigue morale ou physique. En ce moment, je suis très fatigué.

— Je peux vous faire monter un grog, monsieur.

— Non, je ne bois plus d'alcool depuis six mois. Qu'est-ce que vous dites de ça ? »

J'ai souri à l'homme en blanc. Sans grand succès. J'ai dégluti en fermant les yeux mais le mal était là, personne n'y pouvait rien, une colline de sabres dans la gorge, j'aurais voulu qu'on m'étrangle, qu'on m'endorme pour plusieurs mois.

Le concierge m'a demandé si nous voulions, le major et moi, une table pour ce soir. J'ai fait « oui » de la tête, un « oui » douloureux, un « oui » morbide et solennel. « Pour quelle heure ? », a-t-il insisté. J'ai froncé les sourcils. « 20 h 30 ? » Je me suis mordu les lèvres et j'ai acquiescé lentement. On percevait un début d'agacement sur le visage du concierge. Il a noté 20 h 30.

Je suis retourné dans ma chambre. Je me suis allongé un peu. La télévision était déjà allumée sur la chaîne d'accueil de l'hôtel. Il y avait des plans fixes sur des familles belles, blondes et sans angine. J'ai voulu prendre le téléphone pour commander une tisane au miel. J'ai renoncé. Je savais bien que les choses n'allaient pas s'arranger comme ça. Je savais aussi qu'il était stupide de considérer Arianne Backer comme une fille facile. J'ai allumé une cigarette par simple esprit de bravade. Histoire de défier l'angine une petite fois, de lui expliquer qui était le véritable patron. J'ai tenu quelques secondes. Je suis allé boire un grand verre d'eau. J'ai ouvert le minibar. J'ai aligné toutes les bouteilles sur la table de chevet. On aurait dit des jouets pour bambins. Le rhum, par exemple. Du rhum pour aller mieux. Un peu de rhum avec du miel et du citron. Je tremblais. J'ai vidé les bouteilles dans le lavabo. Une à une. Même la bouteille de cointreau.

Bien installé dans son fauteuil à une table du fumoir, les yeux mi-clos, Crawford s'enfilait un Glen Toran de huit ans d'âge. Son regard était celui d'un hooligan à la grande époque de Liverpool. Il contemplait un écran qui restransmettait des courses. Il avait demandé un téléphone portable à un serveur pour parier en direct. Sans quitter la course des yeux, il a articulé :

« Mon vieux Frank, je ne vous propose pas quelque chose à boire, je vais donc vous proposer les chevaux pour vous divertir un peu. Voyez-vous, Frank, j'ai toujours eu un faible pour les courses. Lady Di ne m'a jamais fait bander. La charité encore moins. L'honneur un peu quand j'étais jeune. Mais les courses, Frank, les courses : c'est étrange, ça vous grise la nuque, c'est épatant. Je connaissais le nom de tous les chevaux à l'époque, des propriétaires, des entraîneurs et des jockeys. Encore aujourd'hui, je connais la distance des grands prix et je m'intéresse à l'état exact du terrain. Lorsqu'il est lourd et que j'ai joué gros, je suis capable de casser des capsules de bière avec mes dents. L'adrénaline, mon vieux Frank.

— Je crois qu'Arianne Backer est dans le coin, major.

— J'ai été un grand parieur. Je calculais des heures, pour, au final, ne trouver que très rarement la solution. Qu'importe. Depuis que je vis en France, *Paris-Turf* est ma nouvelle bible. Et je peux encore vous raconter chaque seconde de ma première course, Frank. On ne se remet jamais totalement de sa première course. Encore moins de son premier cheval. "Félix-le-grand" a été mon premier cheval. Une bête incroyable, rapide, gracieuse, explosive.

Il a gagné tous les grands prix en quelques mois. Un soir de course, il s'est cassé la jambe. Il avait 3 ans. La force de l'âge. Bien sûr, depuis, je continue à jouer. Mais ce n'est plus pareil. On ne se remet jamais d'un cheval comme "Félix-le-grand". C'était un cheval bourré de grâce, Frank. La grâce était dans Félix-le-grand. »

« J'hésite à prendre un verre, major.

— Frank, la grâce passe, elle vous regarde et elle s'en va.

— …

— Ne cherchez plus à l'attraper. L'essentiel est qu'elle vous regarde. Qu'elle vous offre un clin d'œil. Parfois, on a même la chance de lui filer un coup de main. C'est un conseil, Frank. Juste un conseil. »

Le major m'a tapé sur la cuisse :

« Pourquoi en vouloir à ce point à Paul Fillacci, Frank ? Pourquoi juger au lieu de comprendre ? »

Aider Paul Fillacci ? Je préférais taper sur une mère porteuse. Crawford n'a pas insisté. Il s'est focalisé sur un chef de rang pour demander une table en terrasse.

« La terrasse est complète, ce soir, monsieur Crawford, votre table est réservée à l'intérieur pour 20 h 30 », a répondu le type. Un long silence s'est emparé de Crawford. « Ils m'ont déjà refusé de l'aspirine tout à l'heure », ai-je soufflé pour envenimer les choses. Crawford est resté muet. Il ne regardait plus les courses. Il n'était pas d'une sérénité absolue. Il a terminé son troisième verre de single malt. Il a fermé son *Paris-Turf* et a fait revenir le chef de rang :

« La terrasse est complète pour quelle raison, jeune homme ?

— Je ne comprends pas, monsieur.

— Une raison ? Plusieurs raisons ? Manque de place ? Manque de place pour un fauteuil roulant ? Manque de place pour un homme encore jeune aux jambes minuscules ? Manque de place pour un ancien militaire qu'on aide à chier ? Manque de place parce que cela n'est pas glamour, un gradé de 86 ans ? Manque de place pourquoi, exactement, jeune homme ? »

Le chef de rang n'a rien répondu de compréhensible. On a juste deviné qu'il se verrait bien en congé avec son gosse en train de pêcher la truite.

Le directeur de l'hôtel s'est approché en souriant. Un peu tard. Crawford avait déjà les mains sur son deux-roues et se dirigeait vers la terrasse du restaurant. Il y avait des femmes en robes longues, des hommes en chemises roses et, venant du balcon, la voix herculéenne du major :

« Mes chers alliés, n'ayez pas peur, je ne suis pas contagieux. Je ne vais pas vous demander d'argent. Il m'en reste pas mal et j'adore le perdre aux courses. Laissez-moi vous présenter mon aide de camp, totalement dépressif, dois-je le préciser. Une chose dans l'année aurait fait plaisir à mon aide de camp. Une chose qu'on lui refuse sans raison valable depuis de longues heures. Ce pauvre enfant, cet être sans doute adopté, cet adulte précaire à peine assuré social, mesdames et messieurs, voulait dîner en terrasse. Est-ce possible de lui refuser cela, je vous le demande ? Si ce n'est pour moi, chers alliés, je vous demande de lui trouver une place pour cette vieille femme qui a débarqué en Normandie, qui est morte sur vos plages et qui s'appelle l'Angleterre. »

J'ai rougi. Certaines personnes se sont levées pour applaudir. D'autres voulaient payer notre repas.

Au dessert, et face aux regards des autres convives, il a fallu que je déshabille le major. Il voulait se baigner. Je le portai jusqu'à l'eau. Au retour, avec l'aide de quelques volontaires, je l'ai enroulé dans un peignoir et le major a recommandé un single malt. Une fois seul avec moi, en regardant la baie, il a murmuré :

« Elle est sans doute arrivée à Nice par le train. Ensuite, elle a dû passer par le Negresco. Nous verrons ça. Et ce grain de beauté, Frank ? Hein ? Ce grain de beauté ? J'ai rencontré Arianne Backer au Vallauris Plage, elle venait de naître. Un jour, à 13 ans, son amoureux l'a quittée. Son seul amoureux. Paul Fillacci.

— …

— Paul lui avait donné rendez-vous sur le pont des Arts pour annoncer l'affaire. Je crois savoir que les choses ne se sont pas passées très calmement. Sur le coup, elle s'est comportée de façon tout à fait adulte et proportionnée. Fillacci est parti le premier. Elle lui a dit qu'elle allait tenir le coup, qu'elle comprenait très bien Françoise et la différence d'âge, qu'il ne fallait pas qu'il s'en fasse. C'est ensuite que les choses se sont compliquées. Elle est restée deux jours sur le pont des Arts, au même endroit et sans bouger. Il a fallu nous mettre à trois pour la placer dans une voiture. Elle était dans un état lamentable. »

Au moment de rejoindre nos chambres, nous avons croisé Manuel Viera qui venait de tout entendre et, par là même, de tomber définitivement amoureux d'Arianne Backer.

25

Elle se mord l'intérieur des joues. L'injustice est trop forte. Son sang se mélange à sa salive. Arianne souhaite davantage de goût dans sa bouche. Que le dosage soit moins équitable. Que la saveur se fasse plus vive. Elle n'a jamais rien demandé à Paul Fillacci. Elle a toujours attendu. Elle s'imagine encore sur le pont des Arts. Arianne aime le don qu'a Fillacci de transformer une simple pizzeria en restaurant gastronomique, elle aime sa façon de faire de la quête d'un taxi une grande épopée parisienne.

Un soir, du côté de Montparnasse, ils avaient passé une journée à faire tous les commerces d'une seule rue. Ils avaient acheté une croûte naturaliste, une plante verte, des cartes postales de labradors ivres qui racontaient dans une bulle que « les vacances étaient magnifiques ».

Ils s'étaient aussi arrêtés dans de nombreux bistrots. C'est l'avantage des rues de Paris. Ils avaient essayé chaque hôtel et terminé dans un bar à sushis.

Le chauffeur annonce à Arianne qu'il ne prend pas les chèques. Le compteur est à 26 euros et nous sommes encore à Nice. Tricheur terrible. Personne pour défendre Arianne. Pourquoi aller le voir ? Pourquoi aller se jeter dans la fermeture définitive de cette histoire ? Le taxi est un homme. La route est pleine d'embouteillages. 32 euros, le cou gras du chauffeur et des blagues diffusées par un autoradio sans âge. Pourquoi lance-t-il des coups d'œil dans le rétroviseur ? De quel droit ? Pourquoi, une fois à destination, Arianne ne pourrait-elle pas étrangler cet homme à mains nues ? Pourquoi l'inverse est-il possible ? De quel droit est-elle à la merci de cet homme-là ?

Le chauffeur, fort de sa supériorité physique, poursuit sa lente conduite. Il fait durer l'abject trajet. Impossible, à cette vitesse, de donner un coup de volant et de mourir à deux. Juan-les-Pins. L'homme ralentit à l'orange. Il grogne. Il regarde les jambes nues d'Arianne. Si un semblant de morale existait, ce taxi n'aurait pas eu la permission de venir au monde. Mais l'existence est ainsi faite : capricieuse et dictée par le hasard uniquement. A présent, le chauffeur patiente au feu rouge.

Par la fenêtre, Arianne découvre un beau jeune homme brun aux cheveux longs, perdu, minuscule dans une cabine téléphonique. Elle l'observe pour prendre un peu de réconfort. Elle ne sait rien des sanglots dans la gorge du jeune homme brun, de la honte de Manuel après la nuit passée avec le directeur de l'hôtel et des mots échangés en ce moment même avec sa mère :

« Maman, c'est incroyable, tu ne vas jamais me croire, j'étais dans le train, je travaillais, le patron d'une multinationale arrive et me commande un café, après quelques minutes, il me trouve formidable, j'aurais aimé que tu voies ça. Ensuite, il me dit : “Ecoutez Manuel, je comprends que vous teniez à votre emploi-jeune mais c'est à prendre ou à laisser. Si je vous embauche, c'est dans l'urgence, c'est maintenant.”

Une boîte universelle spécialisée dans les peintures de lofts, maman. Tu imagines ? On redonne des couleurs à des murs d'artistes du Brésil à l'Ukraine un peu grâce à moi.

— Es-tu sûr que ce n'est pas trop instable comme travail ? demande la mère.

— …

— La SNCF, c'est tout de même la sécurité.

— Oui, maman.

— Pense à l'avenir.

— Je t'aime, maman.

— Moi aussi. Je te demande juste de faire attention à ton côté rêveur.

— Rêveur ?

— Disons que parfois, il t'arrive de t'emballer un peu vite pour des projets.

— Maman, tu peux me croire, c'est le plus beau projet possible.

— Je te crois, mon fils. »

Manuel raccroche en prenant soin de ne pas évoquer à sa mère la pharmacie vers laquelle il se dirige maintenant.

26

Le major s'énerve sur son transat. Sa fille le cherche. Trois nouveaux messages à la réception. L'hôtel lui a prêté un mobile qui ressemble à un talkie-walkie. Crawford observe ce téléphone portable préhistorique, l'éteint et le laisse tomber dans son verre de rosé.

« C'était ma fille. Cette conne est enceinte, murmure-t-il.

— Félicitations, major.

— C'est ça, Frank, félicitations à tous ces débiles qui se reproduisent.

— Je suis pas d'accord, major. On ne sait jamais ce que ça donne, un enfant. En bien comme en mal. »

Je lui conseille de profiter du soleil, de penser à autre chose, de savourer l'idée que les retrouvailles avec Arianne sont pour bientôt. Un plagiste nous demande si nous ne manquons de rien. Il est renvoyé illico. Le major regarde un gamin en train d'apprendre à faire la planche :

« A son âge, m'annoncer une grossesse et me demander des mandats. Jamais rien compris à cette môme. Elle a dû chercher la chose qui pouvait m'emmerder doublement, c'est une sadique, une altermondialiste, un truc dans le genre.

— Les altermondialistes permettent d'ouvrir les yeux sur la mesquine idée de nation. Nous vivons tous sur le même petit caillou, major. Il serait temps qu'on se serre un peu les coudes.

— Moi, je n'ai qu'une famille. Et c'est d'elle que je m'occupe.

— Major, c'est votre fille.

— Je sais. Je m'en suis occupé alors qu'elle n'était qu'une couche-culotte. Sûr qu'elle ne s'en souvient même pas. Moi, je n'avais rien demandé. J'avais insisté auprès de ma femme pour avoir un enfant, comme ça, dans le feu de l'action, en amoureux, j'avais demandé un enfant dans l'absolu, comme un projet lointain. La belle affaire. Voilà que ça arrive. On baise un peu et le pire arrive. Un nourrisson. Pire qu'un état de siège, Frank, vous pouvez me croire. Dix ans de vie commune. Il fallait bien qu'on trouve une occupation. Ensuite, les "amis" vous félicitent après trois mois de grossesse. Des malades, Frank, vous pouvez me croire, de véritables malades. "Félicitations au futur papa !" Me féliciter de quoi ? D'avoir éjaculé le mauvais jour ? "Toutes mes félicitations, John !" Merde. Je n'avais pas gagné Wimbledon. Je n'avais pas franchi la cordillère des Andes en sandalettes. Félicitations de rien du tout, les gars. N'importe quel connard peut faire un gosse. La preuve en est faite tous les jours sur terre, mon cher Frank, il n'y a qu'à ouvrir les yeux à n'importe quelle heure du jour et de la nuit. La plupart des gens qui décident de procréer sont en majorité des cons.

— Nous le sommes tous, major.

— Quoi ?

— Un peu cons.

— C'est mathématique, Frank. Le pire étant la procréation des jeunes adultes. Ils sont toujours bêtes et laids. Ils n'ont que cela à faire : procréer pour remplir un deux-pièces déjà fort étriqué.

— Major. Tout le monde a le droit d'avoir des gosses.

— Foutaises. C'est de l'égoïsme. On a 20 ans et déjà tout raté. Alors, on fait un gosse, forcément. Comme les chiens. On le montre au baptême, aux repas de famille, à Noël, on le soulève comme une victoire, comme la médaille qu'on n'aura jamais. On a fait enfin "quelque chose". Regardez le bel enfant ! Sentez son vomi. Respirez sa bronchiolite. Lorsquc ma fcmme était enceinte, j'écoutais le tiercé à la radio en songeant à me mettre à la course de lévriers. Je n'ai pas su quoi dire. "Tu es sûre ?", j'ai fait. "Je crois bien", elle a répondu. "C'est formidable", j'ai ajouté. J'avais le mauvais rôle dès le départ. Le mauvais rôle, Frank. Je m'en voulais de ne pas adorer ses énormes transformations. Je m'en voulais, ensuite, d'avoir envie de laisser ma fille de six mois, de déserter pour de bon. Avec un enfant, Frank, vous prenez perpétuité. Et tout ce chantage, Frank ! Tout ce chantage. J'étais épuisé. On me demandait d'assumer constamment. J'assumais ma guerre.

J'assumais de miser sur Félix-le-grand. J'assumais les soirs au pub. Mais cette gamine, Frank, à vrai dire, je n'assumais pas.

— Major.

— Quoi ?

— Sans boisson, vous êtes très difficile à écouter.

— Vous voulez un verre de rosé ?

— Non. Mais vous me filez mal aux dents.

Trouvez autre chose à dire sur votre fille, s'il vous plaît, sinon je vous plante ici. »

L'incendie Crawford a paru s'éteindre. Il a repris d'une voix plus douce :

« Je crois me souvenir qu'elle avait de grands yeux, un petit corps dodu en body qui s'endormait contre mon épaule. Une chaleur qui me faisait tenir de nombreux mois. Et après ? Ma fille est conne. Elle me ressemble. Je n'y peux rien. Je n'aime pas cette petite vache.

— ...

— Arianne, je l'ai aimée tout de suite. La première fois où je l'ai vue. Avec Arianne, on ne m'a obligé à rien. Elle était dans son landau au Vallauris. Nous nous sommes regardés. Son père était encore vivant. Plus tard, il nous arrivait de nous échapper de la plage. On zigzaguait sur la départementale. Les soirs d'orages, on regardait le ciel allongés sur le sable. Elle riait tout le temps. On n'avait peur de rien. »

27

Paul Fillacci retrouve Barbara Rose dans l'arrière-salle du Vallauris. Barbara fait le tri des photos de ces nombreux étés. Paul n'a pas le courage de regarder quoi que ce soit. Il allume une cigarette et lui annonce que le nouveau cuistot n'a rien d'exceptionnel. « Sans blague », rétorque Barbara Rose. Au loin, Françoise demande si « elle peut aider à quoi que ce soit ». Paul retourne vers sa femme. La table n'est pas encore desservie. Barbara se joint au couple. Très vite, les questions de Françoise fusent. De gentilles questions. D'adorables reproches. Comment allons-nous faire sans vous, Barbara ? Pourquoi vendre la plage si vite ? Pourquoi la fermer définitivement ? La propriétaire se justifie avec un débit d'automate, comme on explique pour la millième fois que l'on est diabétique.

« Et Arianne, demande Françoise, comment se porte-t-elle ? »

Paul fait mine de s'intéresser à la réponse de Barbara Rose en sachant qu'il ne pourra pas tenir longtemps. L'imprévu le sauve. On klaxonne. On n'arrête pas de klaxonner. On klaxonne à n'en plus finir devant le Vallauris Plage. Mademoiselle n'est pas du genre à stationner des heures quelque part. Il faut qu'elle bouge, qu'elle insulte le chauffeur qui l'insulte également. La voix du chauffeur diminue d'intensité et Arianne gagne en vocabulaire.

Elle veut s'extraire de là, elle connaît sa famille, elle sait qu'il lui suffit de sortir de l'habitacle de cet affreux véhicule pour que les choses s'arrangent. Elle voit Paul se précipiter, elle le trouve beau à vouloir la défendre ainsi, on penserait presque qu'il est célibataire. Paul tend un billet de cinquante à l'homme et lui ordonne de se tirer.

Arianne est de retour sur la plage. Elle ne regarde pas le taxi s'en aller. Elle se concentre sur la mer, elle embrasse Françoise Fillacci, toujours impeccablement coiffée même lorsqu'elle sort de l'eau. Elle accepte le cocktail à base de vodka mijoté en urgence par Barbara Rose.

Vallauris Plage

Arianne prend un peu de sable dans sa main et le laisse glisser. Elle jette un œil sur l'escalier du Vallauris, vers la marche où, enfant, elle a embrassé Paul pour la première fois.

28

De l'autre côté de la baie, sur la terrasse de l'hôtel « Belles Roches », le major est de sale humeur. Nous finissions de déjeuner. J'avais toujours la gencive en feu. Je me sentais à bout de forces comme à la fin d'un pèlerinage. A quelques tables, une dame bien mise se lève et indique au major, en portant la main à sa gorge, que la fumée de cigare l'indispose. « Ancienne collaboratrice, vocifère Crawford, me tracasser sur une terrasse pour ma dernière saison. »

Je n'ai rien avalé du repas. J'avais seulement commandé une grande soupe. Je manquais de vitalité. Contrairement au major. J'admirais la liane de cheveux blancs qui faisait le tour de sa tête. J'admirais son crâne rose et les bagues étincelantes de sa main droite. J'admirais sa rage et son appétit. Le major a coincé son cigare entre ses dents. C'était mauvais signe. Il a fait rouler son fauteuil jusqu'à la dame.

En chemin, il a renversé le chariot des desserts et a ordonné, dans un silence glacial, que « personne ne bouge ». Arrivé devant la dame, Crawford a déposé son cigare encore fumant sur la nappe blanche.

Je n'étais pas inquiet. Je n'avais plus à me demander comment faire chaque matin pour continuer. J'avais enfin un endroit où aller, une plage à découvrir. Mieux, quelqu'un à retrouver. Le major a grondé :

« Voilà le désir de madame réalisé. Voilà mon cigare agonisant et ma journée gâchée. La journée d'un handicapé, madame. D'un héros. D'un Anglais. A savoir d'un homme capable de supporter tous les bombardements possibles. Oui, c'est le cigare d'une île que vous avez sous vos yeux, chère madame. Le cigare d'un état d'esprit. Un peuple qui n'abdique jamais. Mais votre joie a consisté à interdire, chère madame. Dommage. Il y a quelque temps, j'aurais pu vous faire découvrir une autre forme de joie. C'est terminé. Si vraiment cela vous tente, je peux vous proposer ma tête et mes bras. C'est dérisoire, mais croyez-moi, cela peut devenir étincelant. Pour le reste, touchez. C'est mieux qu'une longue explication. Touchez mes jambes de cigarette, madame, mettez la main si cela vous chante, n'ayez pas peur, c'est gratuit, comme au cirque. Je suis une femme à barbe sans bite. Touchez, il n'y a rien à faire. Ce corps a donné sa vie pour la France, madame.

Or donc, je me suis déplacé jusqu'à votre table pour vous dire ceci : mon seul plaisir, mon dernier plaisir est de fumer le cigare. Mais cela vous indispose. Que me proposer à la place, beauté, une partie de tennis ? »

Je sucrais ma tasse de thé au loin et respirais doucement. Je ne m'inquiétais plus. Je commençais à trouver délicat pour les nerfs de côtoyer constamment le major Crawford. En même temps, il me tranquillisait. J'aimais le voir commencer au scotch dès le matin, rendre coup pour coup, n'avoir jamais rien à perdre et engueuler la terre entière. Immobile face à l'agitation, j'étais encore étonné d'être vivant, sans alcool, à l'air libre, en plein soleil, à la recherche d'une fille étrange.

J'allumais une cigarette quand le gamin est passé de la pénombre de l'hôtel à la lumière de la terrasse. On ne voyait de lui que sa frêle silhouette. Il portait un treillis et un maillot de corps gris sur lequel était inscrite une marque que je n'arrivais pas à lire. On devinait son ventre plat et son torse de jeune garçon. Il n'avait plus rien du baltringue à l'habit vieillot qui nous avait garé poliment notre voiture. La métamorphose venait de s'effectuer. Il avait le regard fier et les yeux brillants. Il a zappé le petit scandale autour du major. Il a enjambé la balustrade de la terrasse jusqu'à la plage. Son geste était nerveux et sûr. Il semblait arrivé au point rapide où tout est simple et décontracté. Quelque chose à voir avec le chic de vivre, sans doute.

Il a poussé un pédalo jusqu'à la mer. Le plagiste n'a pas bougé. Personne n'a bougé. Manuel avait décidé de retrouver Arianne Backer au Vallauris Plage. Il aurait fallu une armée entière, sur ce coup-là, pour l'en empêcher.

29

Une villa louée dans un quartier résidentiel avec tout ce qu'il faut. La même villa que chaque année. Françoise vient de faire le lit. Elle a également commencé la rédaction d'une liste de course « de première nécessité » pour demain. A la fenêtre de la cuisine, Paul Fillacci termine une cigarette avec la violente envie d'égorger pas mal de gens. Lui, le généraliste incroyable, l'unique maître à bord dans son cabinet.

Et Arianne, tout à l'heure, sur la plage. Arianne qui a pointé juste un peu de ses lèvres sur la joue de Paul comme on bise une vieille tante. Vacherie. Lui en vouloir à ce point. Et ce gosse qui se pointe de nulle part avec son pédalo, qui se dirige vers elle avec la certitude que l'avenir leur appartient. Et Françoise qui a trouvé cela tellement charmant. Paul est resté muet, convaincu que sa femme ne se doute de rien alors qu'elle sait tout.

Il allume son portable. Pas de messages. Même pas d'appels.

Et l'enfer du dîner au Vallauris, pas un regard d'Arianne, une sorte d'extrême lassitude sur son visage.

Que fait-elle maintenant ? Avec qui ? Pourquoi ne pas la retrouver ? Pourquoi ne pas tout faire pour la retrouver ? Voilà l'atout majeur des femmes de première catégorie. On ne les quitte jamais. Même pour Arianne Backer.

Françoise est couchée. Il y a quelques minutes, la lampe de chevet filtrait encore par le bas de la porte. Puis, elle l'a éteinte pour ne pas ennuyer Paul davantage.

Paul rallume une cigarette. Il tente de se raisonner. Il a encore le choix. Tout le monde n'a pas ce luxe. En fait, peu de gens ont le choix. Les parents n'ont pas le choix. Les morts n'ont pas le choix. Et il suffit de jeter un œil sur les usines, les banques, les camps de réfugiés, les présentateurs météo, pour réaliser que très peu de gens ont en fait le choix. Paul décide de parler à Françoise le lendemain. C'est une solution. Un moindre mal. Il est toujours à la fenêtre de sa cuisine. De quoi va-t-il mourir ? Il cherche. Il s'y connaît. Il sourit. Deux, trois idées lui viennent en tête. Faut-il abuser de Françoise dans son sommeil, la violer comme un mari un peu ivre, faire la chose salement et ne pas en parler ? Elle sera gaiement mécontente. Il se sera passé quelque chose. Il existe de nombreux détails que Paul aime chez Françoise. Sa douceur au téléphone, par exemple. La façon dont elle se coince contre lui le matin sans rien demander en échange, sa passion pour les vins. Françoise adore les vins. Françoise est capable d'évoquer des heures entières un vin dont elle n'a bu qu'une seule gorgée. Françoise boit peu et connaît le vin comme personne. Le contraire de Paul.

Il ouvre le frigo. Du Costières de Nîmes, rouge et frais, piqué au Vallauris. A la bouteille, Paul en avale six gorgées de suite. De retour à sa fenêtre, il s'octroie une dernière cigarette. Il existe bien quelques bricoles de valable dans le passé de Paul. Par exemple, il se souvient d'une lettre arrivée alors qu'il ne l'attendait plus. Par exemple, une balade en montagne avec une femme aimée. Et quelques autres souvenirs encore. Il faudrait qu'il trouve le temps de se rappeler. Il y songe. Mais un drôle de cortège débarque devant sa fenêtre. Un couple étrange.

Un fauteuil roulant poussé par un grand type à la mine blafarde. Un type avec les dents qui bougent.

Le major hurle à la fenêtre de Fillacci :

« Ouvre, pornographe généraliste. Ouvre, l'Italien. Ouvre Fillacci, je suis de retour. C'est la tournée des grands-ducs. Le cimetière des éléphants qui se redresse. »

Paul descend. Il m'aide à monter Crawford. Il trouve des draps pour la chambre d'amis. Paul apprécie mon silence et le fait que Françoise n'ait pas bougé de sa chambre. Je crois que les présentations sont inutiles, s'amuse le major, on peut même dire que vous partagez la même passion pour les sports extrêmes.

Nous nous retrouvons à la table du salon. On refait le monde à coups de vin, de jambon blanc et de projets multicolores.

Notre monde est une terre dangereuse et formidable qui possède un secret. Un astre salé qui tourne autour d'une planète dont chacun connaît le prénom.

30

A l'entrée du Vallauris Plage, un panneau affiche complet sans trop que l'on sache pourquoi. Le corps d'Arianne Backer repose sur le sable. Un corps bien vivant, huilé, un corps que Paul m'a raconté le soir même, au bord de la piscine de la villa. Je lui ai demandé de me dire son nombril gracieux et ses genoux foncés. Son ventre, ses jambes et ses seins qui reposent aussi sur le sable. Arianne a dédaigné le matelas et la serviette de bain qu'on lui proposait. C'est une fille douée pour prendre le soleil. Cela doit sans doute s'accorder avec sa structure moléculaire.

Du bar, Paul Fillacci et le major Crawford se passionnent pour le cul d'Arianne. Ils sont de fidèles admirateurs. Ils ne s'en remettent pas.

C'est un cul assez particulier, un cul toujours parfait, une forme pure qui vous invite à déposer votre tête, à fermer les yeux, à y attendre la fin des temps sans rien espérer de plus, hormis de rester là, à garder le silence, à l'embrasser, à ne pas s'en remettre.

Au comptoir, le major demande à Paul comment cela se passe dans l'intimité, si l'on ressent de la magie lorsqu'on touche les fesses d'Arianne Backer. Paul fait « oui » de la tête comme avec regret.

Hier, Barbara Rose a vu débarquer Manuel par la mer. Elle l'a vu se diriger vers Arianne avec un flacon de crème solaire. Arianne a gardé les yeux fermés lorsqu'il s'est penché sur son dos. Il lui a murmuré une douce phrase. Arianne a souri. Manuel était radieux de pouvoir lui raconter le train et la quête jusqu'au Vallauris Plage. Il ne s'imaginait pas du tout ce que Paul aurait aimé faire de lui. Et si Manuel avait deviné, cela n'aurait pas modifié son comportement. Manuel était prêt à aller jusqu'au bout pour quelques heures avec Arianne. Il n'avait rien à sacrifier. A-t-on vraiment, un jour, quelque chose à sacrifier ? Les mains de Manuel glissent le long de la colonne vertébrale d'Arianne. Elle tremble. Les doigts de Manuel s'amusent avec l'élastique du bas de son maillot menu. Le soleil fait un peu transpirer les fesses d'Arianne. Manuel a confiance, il est prêt à aller plus loin dans cette humidité.

Il aimerait lui parler davantage du wagon-restaurant, de son emploi-jeune, des « Belles Roches », de la gare de Nice, il se sentirait d'attaque pour un monologue sur la politique et cette saleté de travail. Tout le monde devrait s'arrêter, Arianne. Que tout le monde s'arrête. On ne se lève plus. On ne bouge plus. On ferme les volets. On reste ensemble. On allume la télévision : rien. Même la télévision s'est arrêtée. Même le producteur ne veut plus faire de parts de marché. Même l'animateur ne s'intéresse plus seulement qu'à son visage. On arrête tout ça. Les Galeries Lafayette : fermées. Les cinémas : fermés. On marche un peu. On finit un reste de fromage. On s'amuse à fabriquer du pain. On passe des heures à découvrir nos peaux, Arianne.

Manuel s'apprête à raconter tout ça lorsque la poigne ferme de Barbara Rose l'entraîne vers le restaurant et lui propose un marché.

« Plagiste, cela vous tente ?

— Oui. Vous pouvez me faire confiance. Malgré les apparences, je ne suis pas du genre à masser les clientes.

— C'est pourtant ce que je vous demande, de masser les clientes.

— …

— Vous pouvez même toutes vous les taper. C'est d'ailleurs conseillé pour le commerce et le métier de plagiste.

— …

— Il n'y a qu'Arianne.

— …

— Arianne, vous n'y touchez pas.

— D'accord.

— Pour me répondre "d'accord" aussi facilement ?

— A cause de ma mère.

— …

— Vous lui ressemblez.

— Vous allez voir que la comparaison a ses limites.

— …

— Le travail sera tout de même un peu particulier. »

31

L'été commençait à se faire sentir. Il fallait beaucoup d'énergie pour aller d'une pièce à une autre et j'avais du mal à comprendre les vacanciers capables de marcher dix minutes pour se rendre sur une plage.

Sur la table de chevet de Paul et Françoise Fillacci, j'ai découvert un vieux « Que sais-je ? » sur le bouddhisme. Crawford avait fait le maximum pour me décider à mettre les pieds au Vallauris mais je restais bloqué là.

Impossible de descendre sur cette plage, de trouver le courage de faire les derniers mètres en direction d'Arianne Backer, de la saluer, de la prendre dans mes bras. Je savais Arianne capable de me pulvériser en un seul geste.

Alors, je m'occupais. Je lavais la moindre assiette. Je faisais les sols. J'astiquais les couverts.

Le livre sur le bouddhisme était un court plaidoyer pour inciter chaque être humain à se laisser emplir par la sagesse et la compassion. Je ne voyais aucun inconvénient à accéder à la sagesse et à la compassion.

Je n'étais pas loin de trouver que c'était même une bonne idée. Si la sagesse venait, pourquoi pas. Je me suis exercé dans la villa après la lecture. J'ai marché comme un Tibétain, j'ai tenté de porter un regard différent sur chaque chose. Je me disais que la chemise de nuit de Françoise était plus qu'une simple chemise de nuit, qu'elle pouvait me parler, qu'elle était triste, qu'il suffisait que je l'écoute.

C'était ma vision du bouddhisme. Tendre l'oreille pour percevoir les pleurs de cette belle chemise de nuit. Il y avait aussi tout un chapitre sur la « perfectibilité humaine ». Je me suis dit que c'était exactement pour moi, « la perfectibilité humaine ». Pour résumer, être perfectible revenait à se responsabiliser. Il était question de règne végétal et de règne animal. Nous faisions partie du règne animal « en mieux ». Disons qu'il était possible de passer de notre statut hédoniste à celui de vertueux mais que le passage était plus complexe qu'il n'en avait l'air. Il ne fallait pas nier ses sentiments mais les transcender et faire en sorte de ne pas en être esclave. J'avais du pain sur la planche. J'étais esclave d'à peu près tout. Je suis allé sur le balcon de l'autre côté de la piscine. J'ai regardé avec amour et compassion le parking d'en face.

J'ai respiré l'odeur de la baraque à frites et les pots d'échappement. J'ai fermé les yeux pour devenir ami avec le cri des enfants et le phrasé germanique.

Je voulais redécouvrir la nature véritable des choses. Devenir extérieur à mon corps avant de voir Arianne. N'être plus que détachement. Le « Que sais-je ? » sur le bouddhisme disait aussi qu'il fallait savoir se tourner vers le monde ancien. Ne plus craindre ses fantômes. Les fantômes devenaient nos amis. On devait vivre avec eux toute l'année, qu'importe à quoi ils ressemblaient. Par exemple, une émotion négative était tout de même une émotion. Le soir même, alors que je cuisinais des haricots verts en salade, j'ai vu le major débarquer avec Manuel Viera. « Un nouveau, a grincé le major, ce type a chauffé Arianne toute la journée. » J'ai salué Manuel calmement. Je n'étais que plénitude et haricots verts. Nous sommes restés tous les trois.

Les Fillacci dînaient en amoureux.

Vallauris Plage

Dès l'entrée, Françoise a annoncé à Paul qu'il lui arrivait, de plus en plus souvent, de désirer « quelqu'un d'autre ».

Le bouddhisme était un truc très compliqué, parfois.

32

De la pluie toute la journée. Arianne avait emménagé chez Barbara Rose. Manuel voulait une adresse pour la retrouver. Les ondes étaient mauvaises. Un dangereux compte à rebours semblait s'être enclenché. J'ai proposé un massage crânien sur les tempes de Crawford qui a refusé. Il fallait que j'évoque avec Manuel l'émotion négative que je ressentais pour lui depuis que le major l'avait ramené à la villa :

« Manuel, je te trouve insupportable. Tu n'as pas l'âge pour être amoureux de cette fille. Tu n'as rien à voir avec cette fille. Tu es aussi bête que mon fils qui se passionne pour le golf. Manuel, c'est pour ton bien. Tu dois prendre conscience de l'effet de chacun de tes gestes. Arianne est une enfant. Une enfant très solide.

Une enfant atteinte d'un incroyable don pour continuer à mentir pendant de nombreux siècles. »

« Manuel, ai-je poursuivi, on ne se connaît pas trop, mais tu dois me considérer comme Arianne Backer. Tu dois me considérer comme la femme de ta vie.

— ...

— Arianne est malade, Manuel. »

Manuel, attaché, ne pouvant répondre puisque nous l'avions également bâillonné sur ordre du major, beuglait sourdement dans la cave avec les yeux pleins de reproche.

Je tentais de lui expliquer la sérénité malgré tout, je lui racontais le formidable de la méditation et le divin des heures immobiles mais hélas, il ne comprenait pas. J'ai fini par retirer le chiffon de sa bouche pour qu'il s'exprime calmement :

« Ecoute, Manuel. Cette fille est malade. Elle passe son temps à faire l'amour. Elle est possédée.

— Et on devrait faire quelque chose contre ça ?

— Oui.

— Et pourquoi ?

— Disons que parfois, elle ne se contrôle plus. Elle devient un danger pour elle-même et pour les autres. Arianne n'a aucune limite, Manuel.

— Et alors ?

— Et alors, le major a raison. Tu commences à faire chier. Je vais remettre ce drap dans ta bouche et retourner à ma tentative de bien-être spirituel. »

Ce même jour, malgré le mauvais temps, Paul a tout de même accompagné le major Crawford au Vallauris. La pluie redoublait. Le major a insisté. Il voulait, comme chaque dimanche, manger son poulet sur la plage.

Barbara Rose a planté des parasols au bord de l'eau en guise de protection contre l'averse. Des gouttes tombaient dans l'assiette de Crawford. Même son *Paris-Turf* était trempé. Impassible, il savourait son cigare. Devant le Vallauris, des passants s'arrêtaient pour jeter un œil sur la scène incongrue.

Vêtue d'un imperméable orange, Arianne est venue rejoindre le major. Ils regardaient tous les deux la mer sans rien dire. Ils semblaient avoir le même âge d'un seul coup.

33

Mon nouvel amour pour le bouddhisme a transformé ma vision de la villa et de Françoise Fillacci. A présent, je trouvais la villa accueillante et Françoise de plus en plus sexy. Cela tenait à quelques détails en ce qui concerne Françoise. Sa façon de boire un verre d'eau avec lenteur comme s'il s'agissait d'un fabuleux cognac. Sa serviette enroulée en haut de son buste après la douche du soir. Et cette phrase, en pleine nuit, murmurée à Paul, une phrase que je n'aurais pas dû entendre : « Je suis prête à changer sexuellement, Paul. Je suis prête à tout faire. Je n'attends qu'un ordre de toi pour t'impressionner. Je te conseille juste de faire vite. »

La situation de Manuel, séquestré depuis quelques jours sur une vieille couverture, ficelé comme un gigot à savourer avant son passage au four, devait prendre fin. Je consacrais mes journées dans la chambre d'amis à la recherche d'une harmonie ultime. Je croisais le matin Françoise et son sac de plage. Elle aussi trouvait la situation de Manuel « tout à fait désagréable ». Le major avait beau lui expliquer que Manuel était devenu « un danger pour la nation », elle ne voulait rien entendre. J'allais souvent vers notre jeune prisonnier pour lui donner à boire.

Le soir, Françoise soulevait doucement la nuque chaude de Manuel afin qu'il avale un peu de soupe. Elle croisait ses yeux brûlants. Je n'avais toujours pas osé mettre les pieds au Vallauris Plage. Après une longue discussion en tête à tête avec Manuel, à voix basse et avec la promesse qu'il reste à la maison, le major l'a libéré. L'adolescent a tenu parole.

Manuel passait des heures à la table du salon. Il griffonnait des pages. On ne savait pas trop ce qu'il pouvait bien raconter. Il ne parlait plus d'Arianne. Il pouvait aussi rester longtemps dans la cuisine avec Françoise. On les entendait rire, argumenter sur des légumes, de la crème fraîche et des sauces orientales. Françoise aimait lui faire découvrir des vins. Elle était capable de lui raconter toute une histoire avant de prendre une seule gorgée.

Je ne voulais pas quitter la proximité de mon nouveau karma. J'arrivais maintenant à faire un footing autour du quartier des villas. Je tentais d'aller jeter un œil sur mon passé, de réfléchir aux causes et aux conséquences de ce que j'avais fait. Crawford m'avait acheté un livre sur les plus grands criminels de l'histoire américaine. J'étais à présent convaincu que le pire des monstres avait aussi un karma et que, à l'instar des rires d'enfants, tous les karmas se valaient. Il suffisait d'être à l'écoute, de ne plus s'en aller. On ne voyait que très peu Paul Fillacci. Il traînait sur les terrasses de Juan-les-Pins avec des femmes plus jeunes que lui pendant que Crawford, devant la piscine, savourait son whisky en regardant la ville éclairée. Après le dîner, Françoise avait pris l'habitude d'observer avec attention Manuel en train de se faire un joint. Il était très méticuleux et ramenait avec le bord de sa main ce qui restait de tabac sur la toile cirée. Il n'y avait jamais eu de luxe dans la vie de Manuel. Il avait toujours compté pour tenir le coup.

Un soir, après avoir pas mal bu, Manuel a proposé à Françoise de goûter son herbe. Paul n'était pas rentré. Elle a bien aimé la force du goût. Elle lui a demandé d'en refaire un autre.

« C'est vrai, tout ce qu'on raconte sur Arianne Backer ? », a demandé Manuel, après le deuxième joint.

« Et le Vallauris Plage, a ajouté Manuel, qu'est-ce que vous fabriquez tous au Vallauris Plage ? »

« Tout cela va bientôt se terminer », a répondu Françoise.

34

Françoise est passée dans la cuisine une nuit où tout le monde était couché.

« J'ai remarqué que vous ne mangiez jamais de viande, Frank ?

— Non, j'ai fait. Mes gencives.

— Vos gencives ?

— Mes gencives disparaissent.

— C'est-à-dire ?

— C'est-à-dire qu'il me faudrait un curetage profond.

— Un curetage profond ?

— Oui, c'est le seul moyen pour ralentir le processus de pourrissement. »

Cela n'a pas eu l'air de la dégoûter. Soixante millions de Français auraient voulu l'avoir comme épouse à cet instant-là.

Elle m'a encouragé à prendre rendez-vous chez un dentiste dès le lendemain. J'ai refusé :

« Ce n'est plus la peine, Françoise. Je suis allé trop loin. Tout cela n'est pas récupérable. »

Son sourire semblait m'aimer, à sa manière, avec tendresse, en essayant de comprendre. Elle m'a demandé si j'avais des enfants. J'ai répondu que oui, un fils que je ne voyais jamais.

Elle s'est levée. Elle était de dos :

« Ne faites pas comme les autres, elle a dit. Espérer. Ne me laissez pas toute seule à espérer, ne me laissez pas seule à croire que les choses peuvent s'arranger. Reprenez-vous. Petit à petit. C'est tellement facile de jouer à descendre plus bas. A croire que c'est une tradition dès qu'on pose les pieds dans cet endroit.

— Françoise, j'ai murmuré, que voulez-vous que je fasse ? Je suis sur un tapis roulant qui se dirige vers un terminus.

— Je peux vous faire une dégustation de vin demain midi, si vous voulez. »

Elle s'était retournée vers moi en disant cela. Elle était tout à fait sérieuse. Elle vivait sans avoir besoin d'ironie. Elle n'avait plus son visage parfait, il tremblait comme pour ôter un masque éternel. Elle n'est pas restée plus longtemps. Françoise n'était pas le genre de fille à se répandre en direct. Elle préférait la salle de bain. Pleurer en silence et dans des kleenex.

Françoise avait pour coutume de ne rien faire supporter aux autres.

« Prendre sur soi » était son unique devise depuis le jour de son mariage. Mais je l'avais vue se retourner vers moi. J'avais décelé dans ses yeux sa volonté de se battre jusqu'au bout. J'avais remarqué qu'elle s'habillait de plus en plus court. C'était une métamorphose inattendue. A présent, pour Françoise, en amour comme pour le reste, tous les coups semblaient permis.

A trois heures du matin, Paul n'était toujours pas rentré.

Françoise lui a remis un deuxième oreiller comme il aimait. Elle tenait bon. Elle n'avait aucune envie de détruire quoi que ce soit pour l'instant. Elle conservait ses munitions pour la suite. C'était une fille immense et belle.

Une fille de toute première catégorie.

35

Arianne portait de grandes lunettes de soleil roses. Elle m'a embrassé en souriant. Elle semblait trouver totalement naturel que j'arrive au Vallauris. « Allez Frank, venez vous baigner, votre lecture peut bien attendre un peu. » J'avais peur de l'eau. Je tenais mon « Que sais-je ? » comme une protection. Je n'aimais pas cette foule à perte de vue. Je redoutais son jugement sur ma peau blanche et mon absence de muscles. Arianne m'a sorti de la chaise longue. Elle semblait confiante, chez elle, au Vallauris Plage, un coin différent, un abri, sous la protection de Barbara Rose et des quelques autres qui l'aimaient à tout bout de champ et sans la moindre logique. Arianne paraissait aussi inoffensive au

Vallauris Plage qu'un tigre qui vient de subir l'anesthésie d'un vétérinaire.

Elle a laissé glisser sa robe en lin. Elle s'est retrouvée en string rose framboise. Je voyais ses seins pour la première fois. Elle a ri. Je n'ai pas osé bouger. Je redoutais l'eau salée et certainement trop froide. J'étais devenu maladroit dans mon vieux corps inerte. La sérénité, malgré l'aide de ma nouvelle philosophie, se trouvait loin derrière moi.

Me planquer pour fuir l'humanité, je savais. Ne pas me rendre à un rendez-vous, j'étais devenu un maître. J'avais été imbattable pour détruire chimiquement mon passé. Je trouvais cela aussi facile que de respirer. Je le faisais même sans m'en apercevoir. Mais me lever pour aller me baigner, je ne pouvais pas.

Je savais tout un tas de choses. Je savais lire et avoir des angines, par exemple. Et voilà qu'Arianne me demandait un truc impossible. Entrer dans l'eau, franchement. J'imaginais les campings et les déjections des étés successifs. Arianne a insisté. En même temps, je trouvais formidable qu'elle me propose quelque chose. J'ai décidé de bouger malgré ma chemise et mon pantalon en toile. Comment refuser à une fille d'aller se baigner ?

« Venez dans la mer, Frank, je vous attends. Venez tout habillé si cela vous chante. » Arianne était dans l'eau jusqu'au ventre. Elle m'interpellait avec énergie. « Venez Frank ! » J'ai fait quelques pas sur le sable. Je tenais encore debout. J'ai retiré mes chaussures. J'ai regardé le buste d'Arianne dans les vagues. J'ai ôté ma chemise. Le soleil m'a brûlé le dos, c'était une douleur agréable, une sorte de main immense qui me donnait envie de continuer.

Barbara a regardé mes pas hésitants et Arianne qui promettait de ne pas m'éclabousser si je continuais. J'ai souri à l'idée de tout ce chemin parcouru. Arianne me faisait de grands signes. Je suis rentré dans l'eau. Je me sentais bien. Tout à fait heureux.

Barbara Rose a jeté un œil sur le drapeau des secouristes. Il était orange. Cela pouvait encore passer.

36

J'aimais surtout le Vallauris après 17 heures. Les touristes quittaient progressivement la plage. C'était le beau début de la fin. Les gosses refusaient de sortir de l'eau. Les parents commençaient à s'impatienter. Parfois, je voyais quelques pédalos revenir s'échouer sur le sable.

Je me suis retrouvé dans un bistrot du centre-ville avec Paul Fillacci. En m'asseyant, je me suis rendu compte que j'avais chopé un bon coup de soleil. Je n'ai pas détesté cette sensation de vivre un peu. On ne peut pas dire que je méprisais Fillacci moins qu'avant. C'était autre chose.

Une nouvelle façon de l'observer avec sérénité qui n'avait rien à voir avec mon « Que sais-je ? » sur le bouddhisme.

J'ai commandé un café. J'aurais préféré mourir plutôt que d'avouer à Paul que je l'avais vu observer Arianne au Vallauris avec le regard fou et que l'inverse était vrai aussi.

Ils se croisaient comme des gens qui ne peuvent presque plus tricher. On touchait à l'évidence en jetant un œil sur eux. Le pire était lorsqu'ils marchaient ensemble les pieds dans l'eau sans se parler, lorsqu'ils plaisantaient pour je-ne-sais-quoi ou qu'ils chahutaient comme des diables en se renvoyant une saloperie de ballon. Accompagné d'Arianne, Paul semblait presque valable. A les voir tous les deux, on en avait le ventre serré.

Paul a observé les bulles de sa bière pression.

« Je suis incapable de quitter Françoise, a-t-il chuchoté. Ni avec elle, ni sans elle, comme dirait l'autre. Des années que ce massacre dure, Frank. Je m'inquiète pour Arianne. Je sais qu'elle ne possède aucune limite, que c'est, enfin, qu'elle est le pire des trucs qui puissent nous arriver.

— Nous arriver ?

— J'aime Arianne, Frank. Il faut que je trouve une solution.

— Courage, ami.

— Et Françoise ?

— Françoise ne m'intéresse pas, Paul.
— Je sais. Ce n'est pas ce que je voulais dire. »

J'avais bien une idée en tête. Lui trouver un revolver pour qu'il se finisse immédiatement. Mais rien n'est sorti. Contrairement à Paul, je m'inquiétais peu pour Françoise. Elle revivait. Depuis que nous avions relâché Manuel, qu'il était devenu plagiste, j'avais entendu des chuchotements assez sensuels dans une cabine du Vallauris. Sur la plage, Paul ne voyait qu'Arianne. Il dépensait beaucoup d'énergie à ce que personne ne s'en aperçoive. Il regardait les courses avec le major en buvant du rosé, l'air de rien.

Pendant ce temps, Manuel retrouvait Françoise dans la cabine numéro trois. C'était la plus grande. Françoise pouvait s'asseoir sur le banc, écarter les cuisses, et se faire lécher par Manuel Viera jusqu'à étouffer de petits cris. J'ai préféré me taire. J'entendais Françoise dire à Manuel : « Apprends-moi tout, Manuel. Apprends-moi tout. »

Informer Paul Fillacci de cela ne l'aurait sans doute pas rassuré. En outre, je ne voulais trahir personne. J'avais une fidélité presque mafieuse envers les êtres qui vivaient dans l'immoralité. Bref, je ressentais le fait de balancer la vérité sur un vol ou un adultère comme quelque chose d'invivable.

Le bar commençait à changer d'allure. Il bouillait d'une jeunesse décidée à ne pas dormir, à mettre la musique plus fort, à tout vivre l'espace d'une nuit. Paul a poursuivi :

« Tu vois, Frank, je connais Arianne.

— ...

— Je la connais totalement depuis sa treizième année.

— Félicitations.

— Frank, si j'avais dû cesser de l'aimer, ce serait déjà fait depuis longtemps.

— Tu l'aimes parce qu'elle sublime ses péchés, Paul.

— ...

— Et les nôtres par la même occasion.

— Tu me conseilles, quoi, Frank ?

— De conduire un jet-ski à 220 kilomètres/heure en visant un yacht immense. En cette saison, tu ne peux pas te manquer.

— ...

— Sérieusement, tu veux que je te conseille entre la mère et la putain ? Impossible chéri. Je peux te conseiller de te retirer les poils qui te sortent du nez, de jeter aux méduses la chaîne que tu portes autour du cou. Je peux te conseiller de cesser d'avoir mauvais goût pour tout ce que tu portes. Pour le reste, je ne peux pas grand-chose pour toi.

— Françoise n'est pas une mère et Arianne n'est pas qu'une putain.

— Je crois que Françoise tente d'être une mère pour nous tous.

— ...

— A sa façon. »

Nous avons marché jusqu'à la plage. Le bord de mer était étroit et sale. La chaleur encore présente n'arrangeait rien. On avait l'impression de ne pas respirer. La promenade était chargée de vendeurs en tout genre, gaufres et colliers de coquillages.

« Arianne est partie en fin de journée », a lâché Paul.

Les yeux m'ont piqué d'un seul coup.

« Elle est au festival, a-t-il ajouté.

— Au de festival de quoi ?

— Au festival... à Cannes.

— Arianne Backer au festival de Cannes ?

— Exact. »

Je connaissais mal ce machin. Disons que j'avais Canal + en clair et que je pouvais dire à quoi ressemblait Gilles Jacob. Il me semblait naturel qu'Arianne se soit tirée là-bas. C'était son genre d'endroit. Il n'y avait plus de vent sur la plage. Ma chemise collait le long de mon dos.

Je me sentais nerveux.

37

On a passé la nuit à préparer la grande expédition. Le major était dans tous ses états. « La dernière guerre », qu'il déclamait en tournant dans le salon. « La dernière guerre ! »

Il avait étalé des cartes de la région un peu partout avec des feutres et des compas. « Attention aux embuscades ! », il beuglait. « C'est ainsi que les Français fonctionnent en temps de couvre-feu : avec des embuscades. »

Je m'étais rasé la tête pour l'occasion.

Le major a demandé qu'on lui trouve une chemise blanche pour y épingler ses nombreuses médailles. Nous l'avons tous regardé avec respect.

Il était devenu le commandant en chef de notre bataillon.

A Cannes, l'attachée de presse de Merlin Fallet, un acteur en vogue, était clouée à la porte de sa suite du Majestic, on l'aurait dit quasiment nue malgré ses nombreux badges et téléphones portables. Elle faisait patienter trois journalistes dans un boudoir. Les types paraissaient sur le point de l'étrangler.

A midi, l'acteur Merlin Fallet était encore dans une baignoire à imiter un sous-marin pour faire rire Arianne Backer. L'attachée de presse tentait de rester calme. Elle en avait vu d'autres. Elle avait déjà appelé Harrison Ford par son prénom, par exemple.

Elle a donc tenté de faire le point sur le bon côté de son existence. Son chien, par exemple. Et le reste. Lorsqu'on se donne la peine de réfléchir un peu, une vie sentimentale n'est jamais si désastreuse qu'on croit.

Enfin, Merlin Fallet se décide à mettre un peignoir. Il envoie un baiser à Arianne. Il rayonne. Merlin caresse la joue de l'attachée de presse et commande un petit déjeuner pour sa première interview. Au même instant, dans la salle de bain, Arianne commence à se faire les ongles de pieds. Les journalistes défilent les uns après les autres. Alors que les choses semblent se calmer un peu, l'attachée de presse regarde vers le fond du couloir. Un pur réflexe.

Et c'est maintenant qu'elle écarquille ses tout petits yeux.

Illuminés par un grand rayon de soleil, nous arrivons, seigneurs armés d'une diligence à roulettes et de pantalons crème, nous arrivons, saluant femmes de chambre et gardes du corps, nous arrivons, riant entre nous de cette fleur irresponsable et sûrs de notre démarche militaire. Une belle délégation. Nous arrivons, Crawford, Bastide, Fillacci, Viera, mousquetaires au service d'un diamant vénéneux, Crawford et son fauteuil en tête, poussé par mes soins, encadré d'un jeune marlou au teint mat et d'un généraliste italien au torse poilu avec chemise entrouverte.

« Désolé pour le retard », annonce Crawford à l'attachée de presse effrayée. Le major tape sur les rayons de sa chaise roulante :

« Nous devons réaliser un portrait de Merlin Fallet pour le *Mensuel du paraplégique varois*.

— …

— On ne vous a pas prévenue ?

— …

— Ne me dites pas qu'on ne vous a pas prévenue !

— …

— Nous sommes souvent considérés comme la dernière roue du carrosse. Mais tout de même.

— …

— Peut-être que les handicapés sont une gêne pour monsieur Merlin Fallet ? »

38

Nous avons attendu pas mal de temps. J'étais seul à poser les questions. Il m'a fallu retrouver la parole et la sérénité. M'adresser au milieu du cinéma en général et à Merlin Fallet en particulier. J'avais lu quelques articles sur Fallet. On le disait à la fois sauvage et cultivé. A la télévision, ses réponses à base de monosyllabes faisaient totalement fureur. Les filles adoraient sa barbe de trois jours. Les intellectuels respectaient son amitié pour le sous-commandant Marcos. Par la grâce de ma nouvelle philosophie, j'ai pris « le grand véhicule » de la tolérance que l'on trouve en haut des montagnes du Tibet. Une voie plus ouverte vers le salut que celle du bouddhisme indien. Le Tibet autorise une largesse d'esprit presque laïque, la production de films à gros budgets et les fastes du culte de l'image.

Le major était agonisant. Il avait vidé tout le gin du boudoir. Un journaliste d'un mensuel postmoderne avait offert un acide à Manuel et il était à présent allongé sur la moquette les yeux grands ouverts.

Paul se trouvait à l'étage du dessus où il essayait un smoking pour monter les marches du soir. Il commandait du champagne qu'il mettait sur le compte du distributeur de Merlin Fallet en même temps qu'il sympathisait avec une jeune maquilleuse. J'étais donc l'ultime recours lorsque Merlin Fallet m'a tendu une main nonchalante pour débuter l'entretien.

Il s'est assis sans le moindre regard pour moi. Il a allumé une Camel Light en regardant par la fenêtre et, toujours en regardant par la fenêtre, il a soufflé :

« Je vous écoute. »

J'ai pensé fortement aux vieux sages, vêtus d'une simple tunique rouge, capables de prendre des chemins escarpés emplis de caillasses pendant des heures en marchant pieds nus.

« Merlin Fallet, bonjour.

— Ouais, bonjour.

— J'ai cru comprendre que vous étiez passionné par le cinéma ? »

Fallet m'a regardé comme si j'étais malade ou quelque chose comme ça. J'ai respiré par le ventre.

« J'ai besoin de savoir, Mcrlin.

— Disons que je suis passionné par le monde. J'évite au maximum le confort. On vit dans une époque très individualiste, vous savez.

— ...

— Alors, j'aime prendre des risques. Partir à l'aventure. Dénoncer le harcèlement moral en entreprise, par exemple, comme dans mon prochain film. La solidarité est quelque chose de très important pour moi. Un combat perpétuel. Je suis prêt à tout pour la défendre. Je veux lutter contre les patrons qui maltraitent leurs salariés, par exemple.

— Chouette.

— Pardon ?

— Non, je disais chouette, juste.

— C'est pourquoi j'intériorise à ce point mes rôles. Pour mieux les restituer. Je me documente beaucoup avant un film. Par exemple, pour jouer Bill Gates, j'ai perdu sept kilos.

— Ce n'est pas ma question, Merlin.

— ...

— Ma question est de savoir si le cinéma est votre passion. Si vous êtes doué pour l'obsession. Etes-vous obsédé par le cinéma, Merlin ?

Auriez-vous préféré devenir danseur étoile, Merlin ? Est-ce un choix, votre métier d'acteur, Merlin ?

— Oui, c'est un choix.

— Et la transcendance ?

— Quoi, la transcendance ?

— Jusqu'où faut-il descendre pour un moment de vérité, Merlin ? A quoi bon tout cela ? Est-il obligatoire de trahir sa famille pour une œuvre d'art ? Vos proches sont-ils sacrifiables au point que vous vous autorisiez à jouer dans un film ? Merlin, est-ce qu'un réalisateur est forcément un roi maudit ? Un vampire intrinsèque ? Un réalisateur est-il forcément un meurtrier, Merlin ? »

Merlin a jeté un œil désespéré sur son attachée de presse. J'ai poursuivi.

« N'ayez crainte, Merlin. Fermez les yeux. Nous sommes en Chine, mon ami. Non, au Tibet. Ne pensez-vous pas que tout s'expie, tôt ou tard, le bien comme le mal ? Réalisez-vous l'injustice d'être encore en vie, à Cannes, alors qu'il y a tant d'années que le monde existe ? Et la rédemption, Merlin, vous y pensez, parfois, à la rédemption ? Il n'est peut-être pas trop tard, Merlin, peut-être que votre sort mérite mieux qu'une petite cuisine cinématographique. Je n'ai pas vu votre long métrage, ce n'est pas le problème. Mais avez-vous une femme, une sœur ? Un enfant, par exemple, je ne sais pas ? »

Merlin Fallet s'est mis à transpirer un peu.

« Nous allons arrêter ici », a tonné l'attachée de presse d'une voix rude.

Je me suis rapproché de l'acteur et j'ai touché mon nouveau crâne rasé :

« Je suis dans un état normal, Merlin. A savoir naturel, simple, en harmonie. Malgré l'armée sombre des apparences, il faut tendre vers l'harmonie. Vous avez passé la nuit avec notre grande harmonie, Merlin. Tant mieux. Vous êtes encore vivant. Tant mieux. Mais regardez autour de vous.

Regardez le jeune homme allongé sur la moquette, la chose fantomatique qui meurt dans son fauteuil roulant et l'Italien du dessus qui songe à monter les marches comme une starlette, regardez notre équipe, Merlin. Aussi surprenante soit-elle, notre équipe est brisée, Merlin. »

L'attachée de presse s'est mise à tirer sur ses cheveux. Visiblement, Merlin Fallet n'était pas d'humeur à écouter mon discours. Il s'est levé. Deux immenses gardes du corps m'ont harponné. J'ai poursuivi :

« Je suis venu vous sauver, Merlin ! J'ai fait un long voyage pour ça ! Vous avez de la chance de me voir ici ! Sans la sagesse du bouddha et l'existence du Tibet, personne ne vous aurait prévenu, Merlin ! »

Les types m'ont fait dévaler les escaliers et jeté sur la terrasse du Majestic.

J'ai trouvé refuge dans une chaise au bord de la piscine. A quelques mètres, Amélie Tatoue répondait en anglais à la presse américaine avec une immense gentillesse. J'écoutais ses phrases. Des phrases tellement « parfaites » qu'elle donnait envie d'étrangler Dan Brown.

Sur la table basse, à côté de moi, il y avait un verre avec un fond de Martini.

La journée n'était pas terminée. Le ciel était d'un bleu agressif.

Il était temps que je recommence à boire.

39

Dehors, il y avait du monde. Un monde fou. Un véritable carnage. Des gens, en pleine souffrance, tentaient de conserver un reste de dignité. Ils étaient convaincus que certains les avaient vus ne pas pénétrer directement dans la fête cannoise de Merlin Fallet organisée par la Paramount. A l'intérieur, les élus évoquaient déjà une autre soirée, à la même heure, dans un autre endroit, une fête beaucoup plus belle que celle-ci, ils n'en revenaient pas, les élus, d'avoir fait le mauvais choix. Dans la file d'attente, le gros des invités aurait été capable d'accepter l'ablation d'un rein sans anesthésie afin de pouvoir entrer un peu plus vite.

Mais la Paramount n'offre pas à la foule ce luxe-là. Elle peut être fière de son aptitude à susciter la frustration. Crawford était à nouveau conscient, Manuel debout et Paul avait renoncé à monter les marches. Nous nous étions baignés dans la piscine du Majestic grâce à la verve de Crawford. Amélie Tatoue lui avait même offert un autographe parce qu'elle « comprenait sa souffrance ». Amélie « adorait » le major. Depuis son expérience lors du tournage d'un *Long samedi de représailles*, Amélie se sentait proche des gueules cassées et des vieux militaires.

J'ai garé la voiture au-delà de la file d'attente. En marchant vers l'immense demeure, j'ai jeté un œil sur Paul Fillacci. Je l'ai découvert fébrile, en retrait, presque misérable. Malgré mon karma tout neuf, cela m'a rendu nerveux.

« Paul, que se passe-t-il ?

— Peut-être qu'elle est amoureuse. Je ne sais pas.

— Amoureuse de Merlin Fallet ?

— Ouais.

— Paul, on ne va pas rentrer si tu continues avec cette tête-là. Autant partir tout de suite.

— ...

— Paul, c'est un jeune comédien. Il a même eu l'indécence de me citer son "ami George Clooney" pendant l'interview.

— Et alors, il est bien, George Clooney.

— Je ne dis pas le contraire, Paul. Mais il a dit “mon ami George Clooney”.

— …

— Paul, si George Clooney était ton ami, est-ce que tu dirais à un journaliste chauve “mon ami George Clooney” ?

— Oui.

— J’en étais sûr.

— Frank, je crois qu’elle est amoureuse de Merlin Fallet.

— Paul, ce type a joué en collant dans *Arsène Lupin*, tu imagines ?

— Frank, si Arianne me voit, cela ne va faire qu’aggraver les choses.

— …

— Elle va considérer ça comme de la jalousie.

— Tu l’aimes à ce point ?

— Oui.

— Alors ?

— Alors, je ne peux pas me permettre de me comporter en mari jaloux. »

Je suis resté sans voix. J’imaginais Arianne rester au festival de Cannes. J’imaginais les ravages de cette nouvelle apocalypse. Je ne voyais pas comment les choses pouvaient être plus graves qu’elles ne l’étaient. Je cherchais quelque chose de possible à aggraver. J'avais beau chercher, je ne trouvais pas.

Nous n'avions fait que trop attendre pour sauver Arianne des autres et les autres d'Arianne. S'il existait une justice, nous étions déjà tous partants pour la chaise électrique.

J'ai repris :

« Paul, existe-t-il une soirée plus importante que celle qui nous arrive ?

— …

— Je t'écoute.

— Frank, il faut qu'Arianne me voie le moins possible.

— …

— Elle est capable de tout dans ces cas-là. »

40

Le major me tape la jambe pour me faire signe de ne pas insister. Nous laissons Manuel, plein de courage, avancer vers les vigiles et les chiens de garde.

Il exerce son charme sur un couple de diffuseurs allemands pour passer le sas. La chaise roulante du major conclut en beauté notre tour de force.

A l'intérieur de la fête Paramount, je me précipite au bar. Je bois trois verres de champagne en une minute. Des robes longues me regardent bizarrement. Une jeune fille brune que je devine douée pour la bossa nova me sourit et s'approche avec négligence. Je lui montre ma troisième coupe vide d'un air désolé.

« Je viens juste de recommencer à boire, je précise.

— Comment ça se passe, d'arrêter ? elle demande.

— Assez étrange, je réponds. Il faudrait du temps pour raconter tout ça, la longueur des journées, l'impression de trouver la moindre sonnerie de téléphone invivable, les bouteilles de Vittel par milliers, la sueur qui glisse sur les tempes, la mâchoire collée au petit matin, le mal de dents.

— Le mal de dents ?

— Oui, le mal de dents. C'est un problème de gencive en fait. Mais parlons d'autre chose, s'il vous plaît. »

La jeune fille s'en va.

Quelques heures plus tard, toujours au bar, je relève la tête. Manuel danse torse nu sur un podium. Il ne lui reste que son treillis. Le major a pris d'assaut le comptoir par-derrière en sympathisant avec les serveurs. Désormais, suite à un décret du major, seuls les invités capables de chanter les premières strophes de *Fly me to the moon* de Sinatra ont le droit d'être servis. Des personnalités, les cordes vocales gonflées au maximum, tentent de se faire entendre malgré la musique. Elles ont la tête penchée vers le major pour qu'il juge de la qualité de l'interprétation.

Enfin, je vois Arianne, plus grande que les autres, sortir des toilettes pour hommes. Je suis heureux de la retrouver. Je me demande comment on peut porter une robe bleu électrique et être belle à ce point. Je me sens moins seul en la regardant. Bien sûr, il existe de nombreuses filles sur terre. Et il est possible de s'attarder sur chacune d'elles. Il suffit d'y consacrer du temps et de l'énergie. Mais Arianne Backer, c'était différent. On n'arrivait jamais à regarder vraiment Arianne Backer. On la perdait toujours de vue. On s'était à peine habitué à son allure qu'elle se transformait en quelqu'un d'autre.

Arianne est arrivée vers moi. Du sang coulait sous sa bouche. Lentement, elle a sorti de son sac, avec les yeux baissés d'une petite fille, un mouchoir blanc presque entièrement rouge. Elle a ouvert le mouchoir comme une religieuse et m'a montré la phalange d'un pouce.

J'ai pensé au nombre de protéines et de sels minéraux que pouvait contenir ce morceau de doigt encore tremblant. Sans trop comprendre ce que je faisais, j'ai chopé une poignée de glaçons dans un seau à champagne pour les déposer dans son mouchoir. J'ai refermé le tout.

« C'est à Merlin Fallet, elle a dit, l'air désolé. On a fait l'amour en se mordant.

— Arianne, peux-tu remettre ce mouchoir dans ton sac », j'ai demandé.

Elle s'est exécutée. Puis, elle a volé un verre de vodka frappé à un animateur radio sur le déclin. Elle semblait si candide. J'ai réussi à la regarder.

J'ai même articulé :

« Arianne, où se trouve Merlin Fallet ? »

Elle m'a hurlé dans l'oreille : je crois qu'il est toujours aux toilettes, qu'il se repose.

Je lui ai tamponné le bas du visage avec ma chemise. J'ai vu que l'on commençait à nous regarder bizarement. J'ai aboyé avec un semblant de calme :

« Je pense qu'on devrait y aller, Arianne, je pense que l'on pourrait s'amuser davantage ailleurs. »

Elle a regardé la foule.

« Tu es seul ?

— Non, je suis avec Crawford et Manuel.

— Et Paul ?

— Paul est dehors, il t'attend. »

41

Crawford regarde ses mains avec accablement. Il aimerait retrouver ses mains de gosse. « Elles ne reviendront jamais », murmure-t-il. « Et mes jambes, Frank ? Et mes jambes ? » Je n'étais pas d'humeur. J'ai dit :

« On s'en tape, major, de vos jambes. On y pensera après. »

J'ai reconduit tout le monde à la villa. A l'arrière, personne n'aurait pu passer un ongle entre Paul Fillacci et Arianne Backer tant ils restaient collés.

Tous, devant la piscine, nous nous sommes demandé ce qu'on devait faire du doigt de Merlin Fallet. J'imaginais déjà le titre de *Libération* dans deux jours : « La phalange mythique ».

Crawford voulait le mettre dans le congélateur pour en faire un trophée. Je suis allé l'enterrer au bout du jardin.

A midi, nous étions en train d'accomplir le trajet habituel de la maison jusqu'à la plage. On passait le long des voiliers de plaisance et des bateaux de pêcheur.

J'ai proposé au major de savourer plutôt ça, d'arrêter avec ses jambes et ses mains tachées par la vieillesse, de s'imaginer, à la même heure, dans son lit à l'hospice avec ses copains du même âge :

« Le passé est notre ami, major, mettez-vous ça dans le crâne, et c'est une chance réelle d'avoir cet été au Vallauris. Tout est une chance, major, à votre âge. »

Il est resté silencieux. Puis, il a murmuré :

« Hier soir, on s'est bien amusé, tout de même. »

J'ai repensé à ces quelques mètres parcourus avec Arianne en sueur et son sac à main pendant la fête de la Paramount, du buffet jusqu'à la sortie. Le major avait raison. Même ces quelques mètres étaient devenus mes frères chéris.

J'ai déjeuné à la table du major, de Paul et de Françoise. Cette dernière ne disait rien. Nous avons pris de nombreuses tournées d'apéritifs avec Paul et Crawford. Barbara Rose était en grande discussion avec une famille de touristes hollandais. Ils voulaient réserver pour l'an prochain. Elle a tenté de leur expliquer que c'était impossible.

Les plats n'arrivaient pas. Je suis allé nager un peu. Je sortais de l'eau quand Barbara Rose m'a demandé comment nous avions terminé la nuit. « A l'arrache », j'ai répondu. « Françoise était présente lorsque vous êtes rentrés ? » J'ai fait oui de la tête. J'ai ajouté :

« Elle nous a entendus parler avec Arianne, tenter de la calmer et d'accepter les cachets que lui proposait Paul. »

Il était particulièrement difficile de raisonner Arianne Backer en pleine nuit. Françoise avait entendu tout cela. Elle avait jeté un œil sur son état et cela ne l'avait pas rendue joyeuse. Manuel était resté avec Arianne à la villa pour la journée. Il était de garde. Je savourais doucement mon cinquième kir.

Barbara Rose est venue nous rejoindre en disant que « la cuisine n'allait pas tarder ». Françoise a annoncé d'une voix blanche qu'elle n'avait pas faim. « Je ne vois pas comment je pourrais avoir faim avec ce… morceau de pouce », a-t-elle ajouté.

Un grand silence s'est installé autour de la table. Paul n'a pas regardé sa femme, ni le plancher ni même la mer. Pour la première fois, les yeux du major se sont tournés vers le large. Barbara a posé ses longues mains sur la table. Elle m'a dévisagé en tapant la mesure avec ses doigts comme si je détenais une solution miracle. Je sentais qu'on allait retrouver Arianne au fond d'un gouffre si personne ne faisait rien. Mais je ne savais pas par où commencer.

J'ai pris plusieurs verres de vin. Il fallait que je me mette dans la peau d'un homme comme Paul Fillacci. Il fallait que je me fasse à cette idée radicale. A part moi, tous, depuis longtemps, semblaient s'être résignés à une telle démarche. C'était difficile à comprendre, un homme qui faisait l'amour avec Arianne pour finir par rentrer chez sa femme.

Au moment de s'en aller, il devait même trouver une dernière phrase à dire. Il faut que tu sois courageuse Arianne, on se revoit bientôt. Il devait dire quelque chose comme ça.

Françoise s'est résolue à rompre le silence. J'avais peur de ce qu'elle allait dire. Je tremblais. « Vous attendez quoi ? », elle a commencé. Personne n'a répondu. « Vous attendez qu'elle bouffe un bras entier la prochaine fois ? »

Je crois que personne ne savait quoi répondre. Je crois que personne n'attendait rien de Françoise. Il existait dans nos vies une inondation gigantesque, on tentait d'y remédier tant bien que mal avec un seau de plage et c'était tout.

Nous savions qu'Arianne n'allait pas changer maintenant.

« Il faudrait peut-être penser à prévenir un psychiatre, un médecin, une clinique », a poursuivi Françoise.

Je me souviens qu'à cet instant précis, une fois de plus, je suis le seul à regarder Françoise. Les autres, déjà, ne la regardent plus.

« Il faut faire preuve d'un peu de courage, elle a craqué. Je connais Arianne, je l'aime comme vous, et je ne suis pas naïve, et je sais tout sur Arianne, j'en connais autant que vous tous ici. Arianne doit être soignée. Il suffit juste de trouver un établissement pour ça.

— Un établissement, a grincé le major.

— Oui, un établissement », a rétorqué Françoise.

Le major a demandé à Barbara un cendrier pour écraser son cigare.

Françoise est allée seule bronzer en bord de mer.

Les autres sont retournés à la villa.

J'étais le dernier à boire au Vallauris, histoire de savourer mon heure favorite, celle où les familles tentent de retrouver les jouets de leurs gosses, les lunettes de soleil, les vêtements secs, les clefs de voiture. J'aimais voir le temps qu'ils mettaient à se rhabiller à cause du sable.

Il y avait toujours quelque chose qu'ils ne retrouvaient pas au fond du sac de plage.

Quelque chose de caché.

42

Juillet avait définitivement installé le Vallauris Plage dans sa dernière ligne droite. J'aidais comme tous les autres à l'étrange tour d'honneur. Il y avait de vieux habitués qui se tapaient une journée de voiture entière histoire de dire « Au revoir » à la propriétaire. Des couples venaient avec un nouveau-né juste pour remercier Barbara Rose d'avoir provoqué leur rencontre pendant la belle saison. Manuel était devenu un plagiste hors pair, courant toujours de manière efficace, se brûlant avec les plats chauds sans faire la moindre grimace. Il pouvait dresser un couvert de huit personnes en quelques secondes. C'était un type capable de trouver un matelas quand il n'y en avait plus, de ramener un pédalo à bon port, de faire décoller

Françoise sans faire de bruit, de sourire à une grosse et de faire une partie de ping-pong avec un enfant. Il décrochait des pourboires monstrueux et avait toujours un œil sur Arianne.

Je faisais mes quatre cents mètres de nage par jour. Ensuite, je buvais avec Crawford jusqu'au soir. Les nuits occupaient une grande place au Vallauris. On se retrouvait seuls avec Barbara. Le soleil disparaissait derrière les collines. Je rentrais les parasols et le silence gagnait du terrain. Nous mangions une salade et des tranches de viande froide.

Les familles modestes arrivaient vers 21 heures avec des sacs pour dîner. Certaines allumaient des barbecues et venaient nous proposer des sardines grillées. Les enfants jouaient à toutes sortes de jeux. D'autres profitaient de la fraîcheur du soir pour trouver la mer plus chaude. La sortie des restaurants alimentait un défilé continu de grappes humaines. Parfois, des couples se cachaient pour faire l'amour dans les douches. On entendait des râles étouffés et joyeux. La garde débutait réellement avec la fermeture des boîtes de nuit. La jeunesse avait encore soif. Il fallait expliquer aux moins de vingt ans qu'il était inutile d'ouvrir le bar du Vallauris par effraction.

Il y avait aussi les bains de minuit festifs. Des fils à papa qui sabraient une bouteille de Veuve Clicquot à côté de routards qui voulaient simplement dormir, le camping n'étant pas envisageable et l'hôtel un doux rêve auquel ils ne pensaient même pas. Ceux-là dépliaient leurs sacs de couchage sans faire de bruit et redoutaient la police. Barbara Rose leur apportait des bières et des choses à manger. Je passais mon temps à regarder le scintillement des villes d'en face. Je me demandais le nombre d'insomnies, de disputes, de peurs, de fêtes, de gens malades qui se trouvaient dans ce scintillement. Barbara ne prenait jamais le temps de s'asseoir et encore moins de s'allonger. Je trouvais étrange de pouvoir ainsi tenir debout.

« Vous allez faire quoi, après le Vallauris ? », je lui ai demandé, à la fin d'une nuit.

Elle continuait de regarder la plage. Je commençais à ramasser les canettes vides, les sacs en plastique, les déchets en tout genre. J'ai reposé ma question.

Elle m'a proposé un verre de cognac. Je n'ai pas refusé.

« Combien d'années au Vallauris, Barbara ?

— Trente.

— Merde.

— Exact. Je vais me débrouiller pour finir à

la montagne. Ne plus entendre le bruit des vagues.

— …

— Ou alors une mer plus grande.

— L'océan Pacifique ?

— Non, la Bretagne.

— Merde, la Bretagne ?

— Comme vous dites.

— …

— Frank ? »

J'ai vu les vieilles qui promenaient leur chien et les joggers qui arrivaient. J'avais peur de ce qu'elle allait dire. Elle m'a tenu le bras. Elle m'a fixé avec tendresse. On entendait les premières voitures passer.

« Il faudrait trouver une solution pour Arianne », a murmuré Barbara Rose.

J'ai tenté de faire le type qui avait tout compris et qui approuvait.

N'empêche. Si une caméra m'avait filmé de l'intérieur, elle aurait distingué un orphelinat tout entier.

43

Manuel s'est offert une longue ligne de cocaïne sur la table du jardin. Puis il a déclaré :

« Tu fais chier avec tes histoires de filles de première et de seconde catégorie, Frank.

— Je te file un exemple pour que tu comprennes. Le shopping. Les filles de première catégorie repèrent la semaine d'avant les soldes ce qu'elles veulent acheter. Ensuite, elles mettent leur réveil à 6 h 30 du matin à Ivry-sur-Seine pour être les premières chez Zara. Elles attendent trois heures sous la pluie pour "un petit haut à 30 % de réduction" alors que cela ne va strictement rien changer à leur existence.

— ...

— Le pire, c'est qu'après, elles sont à l'heure pour aller travailler.

— Et les autres, elles font quoi ?

— Elles se font offrir des fringues, Manuel, c'est évident. Elles prennent ce qu'elles trouvent. Elles s'en moquent.

— Frank, je crois que tu te plantes. Je crois que la femme n'est qu'une immense catégorie, point barre. »

Arianne avait disparu depuis deux jours. Tout le monde faisait semblant de ne pas s'en inquiéter. J'étais seul dans la villa lorsqu'elle a débarqué. Il faisait chaud. Elle portait un large pull et claquait des dents. Si on avait effectué une analyse chimique, même les médecins du Tour de France l'auraient disqualifiée. La drogue était partout sur son visage. J'ai joué les nourrices qui savent ne pas s'en faire et prendre les choses en main. Elle commençait une phrase, tombait dans l'entrée et se recroquevillait. Je m'allongeais à ses côtés pour lui redonner du courage. Je suis allé dans la salle de bain. J'ai trouvé dans la trousse de Paul de quoi la calmer un peu. Je lui ai fait avaler quelques cachets avec de la vodka. J'ai fait un long voyage avec elle pour la transporter jusqu'au lit des Fillacci. Je me suis impressionné. Il m'a fallu une heure pour faire quelques mètres. J'ai retiré ses chaussures avec la délicatesse d'un type doué pour la haute couture. Son cœur battait avec une telle rapidité qu'il aurait fait flipper n'importe qui. Pas Frank Bastide. Même si Frank Bastide avait de la sueur sur le front, il n'a pas lâché. Je lui ai raconté des histoires charmantes et qui se terminaient bien.

Il fallait la voir s'assoupir et se réveiller en hurlant qu'on devait l'endormir totalement, que ce n'était plus possible de vivre comme ça. J'ai collé sa tête contre mon épaule. Je lui disais de ne pas s'en faire.

« Je ne veux pas rester dans la chambre de Françoise », elle n'arrêtait pas de souffler. J'ai répondu « d'accord », qu'on allait ailleurs. Je commençais à avoir mal au ventre. Je suis allé dans le frigo m'enfiler de la vodka. J'ai soutenu Arianne jusqu'à ma chambre.

Le soir venu, Manuel faisait la cuisine. Le journal de 20 heures évoquait la phalange de Merlin Fallet en parlant d'« attentat politique contre une certaine idée du cinéma français ».

Crawford veillait sur notre fée. Paul ne disait rien.

« Vous devez la faire soigner », s'est agacée Françoise. Je lui ai demandé de ne pas parler dans l'urgence. « Et toi, d'abord, qu'est-ce que tu fabriques ici ? », m'a-t-elle répondu.

Je ne pouvais pas lui donner totalement tort. Je comprenais même un peu cette femme. On peut dire qu'elle avait fait son possible pour être tolérante jusqu'au bout. Françoise ne supportait plus que notre groupe soit dans l'erreur. Elle a demandé à Paul de venir la rejoindre au bord de la piscine. Cela n'a pas duré longtemps. Elle est vite partie. Je suis allé retrouver Paul au bout du jardin.

« Elle baise avec quelqu'un de la plage, il m'a fait.

— Non ?

— Si.

— Un client ?

— Je crois.

— …

— Et c'est pas tout. Elle me donne jusqu'en septembre pour rompre avec Arianne. Sinon, elle me quitte.

— …

— En septembre, elle veut qu'on parte à l'étranger ou elle demande le divorce.

— …

— Je suis incapable de me séparer de Françoise, Frank. »

Au fur et à mesure que l'été avançait, il fallait une énergie folle pour défendre notre reste de position.

44

Nous avons fêté le début du mois d'août au Vallauris. Manuel avait ramené quelques CD et le major se trouvait derrière le bar de la plage. Arianne additionnait les coupes de champagne. On était ravi de l'avoir parmi nous, de nouveau indemne, radieuse, espiègle, amusée. Barbara dansait avec Françoise. J'avais la sensation d'assister à un dernier spectacle sur une île déserte. Je buvais dans un coin avec Paul. Il avait perdu plusieurs kilos. Je l'avais coincé, certains soirs, taxant de la cocaïne à Manuel Viera. Son emploi du temps se résumait à boire le midi, prendre de quoi tenir en fin de journée et à avaler des somnifères pour dormir avant l'aube. Manuel avait découvert que la demande cannoise en matière de cocaïne était en pleine expansion grâce à nos amis russes. Il se faisait de l'argent et en faisait profiter ses petits camarades.

J'avais remarqué une nouvelle chose, sur la plage, en fin d'après-midi.

Une famille se levait pour partir. Ensuite, toutes les autres faisaient de même par mimétisme. C'était comme un ballet. La première famille donnait le signal, sonnait la fin de la récréation. Il fallait passer à table. Le soleil était terminé.

Manuel a passé une chanson triste. Arianne a invité Paul à danser.

Personne n'osait véritablement regarder ça. On avait plutôt envie de leur foutre la paix, d'éteindre les lumières ou d'en allumer davantage. Françoise a murmuré qu'elle s'en allait à l'oreille du major. Elle est partie toute droite, le visage impeccable, en guerre contre le désir de son mari et les vieux mensonges. Elle avait la démarche de quelqu'un bien décidé à se battre jusqu'au bout.

Un autre restaurant du bord de mer tirait un feu d'artifice pour l'anniversaire d'un milliardaire ukrainien. Arianne était comme une enfant. Je crois qu'elle aimait l'idée de tout carboniser en une seule fois, quitte à s'écorcher partout, à en claquer au fond d'un sous-sol. Elle a traîné

Paul par la manche pour qu'ils regardent le spectacle ensemble. Le ciel offrait un grand saule pleureur presque rouge. Barbara a allumé une guirlande électrique multicolore pour annoncer la fin de la fête. Mais les gens ne voulaient pas partir. Tout le monde trinquait.

On se serait cru à Noël en plein été.

En toute fin de soirée, je me suis offert un whisky avec du sucre de canne et un zeste de citron. J'ai demandé à Crawford s'il en voulait un. Mais le major était livide. Il ressemblait à un type qui vient de voir un fantôme. Il avait les yeux ancrés vers l'escalier du Vallauris Plage. Je suis allé voir. J'ai découvert une femme enceinte jusqu'aux dents et allongée sur les marches. Poliment, je lui ai demandé si je pouvais lui être utile à quelque chose.

Elle a seulement grimacé qu'elle aimerait voir son père.

45

Paul avait relevé ses manches. Il semblait heureux, enfin, de pouvoir mener une action à son terme. On avait allongé la fille du major sur la grande table. On avait mis des coussins et une nouvelle nappe. Elle s'appelait Laura. Elle était rousse avec un tatouage de tête de mort sur le bras droit et des piercings un peu partout. « Frank, amène-moi une bassine d'eau chaude », a demandé Paul. « Elle a des contractions toutes les minutes », s'est alarmé Manuel. « Comment tu peux savoir ça ? », a gémi le major. « Manuel a raison, a assuré Paul, il est inutile de vouloir la transporter, le bébé va venir dans l'heure qui vient. » Paul a retiré le pantalon et la culotte de la jeune fille. Le major a fermé les yeux. Barbara est allée chercher des torchons propres. Manuel ne savait pas trop quoi faire. Crawford était devenu transparent.

« Il va falloir m'écouter Laura, a averti Paul, on se dirige tout droit vers un accouchement à l'ancienne. Il est logique que les contractions vous fassent mal. Ce n'est qu'un début. Lorsque vous allez devoir pousser, la douleur va se faire plus lourde. Ensuite, le bébé va s'engager dans le col. Là encore, vous allez déguster. »

Laura semblait déjà en avoir réellement assez. Elle hurlait à chaque contraction. Crawford a demandé un peu de poudre à Manuel mais ce dernier a refusé : « C'est un excitant, major, je ne suis pas certain que vous en ayez besoin pour le moment. » Le Vallauris était concentré comme dans une église. Seuls les cris de Laura brisaient le silence. Paul a dégrafé sa chaîne en argent et m'a demandé de lui désinfecter les mains. Arianne était devenue sa fidèle assistante. Manuel tenait le poignet de Laura et lui caressait le front. Plus le temps passait, plus on avait l'impression que le poignet de Manuel allait se faire broyer.

Je me suis placé à côté de Laura. J'ai voulu lui raconter les bases de la respiration ventrale mais je voyais les veines de son cou gonflées au maximum. Le feu d'artifice ukrainien s'était arrêté. La vie semblait vouloir passer aux choses sérieuses. Il y avait le major qui tapait sur les roues de son fauteuil et Paul qui disait à Laura de reprendre des forces entre les contractions, Paul qui lui disait de pousser de plus en plus fort et de plus en plus longtemps. J'imaginais Arianne et sa peau brune enceinte. Cette grande fille au ventre rond. Cela donnait envie de se mettre à l'haptonomie.

Il y avait un nouvel événement toutes les deux minutes. Le temps était devenu élastique. Un temps à la fois très court et trop long pour la jeune Anglaise.

Enfin, Paul est devenu sévère d'un seul coup. « Il va falloir y aller vraiment, Laura », a-t-il annoncé. On avait l'impression que la pauvre fille ne faisait que ça depuis le début. Il a continué : « Je vois sa tête Laura, vous ne devez pas le retenir, vous devez l'expulser, il ne peut pas rester à cet endroit très longtemps. »

J'essayais de sourire à Laura mais j'avais les joues crispées. Ensuite, il y a eu comme un morceau de tam-tam qui devenait fou, un univers qui s'est accéléré, une concentration totale de chacun d'entre nous, une énergie nouvelle. A la suite d'une énième tentative, l'énergie nouvelle a fini par sortir. Arianne a coupé le cordon.

C'était le premier accouchement en plein Vallauris Plage.

Et le dernier.

46

« Il faut que je te parle », elle m'a dit, droite, en me regardant de haut. Sans vraiment savoir pourquoi, j'ai voulu oublier qui était Arianne Backer.

J'ai tenté de me concentrer sur mon fils. Je devais me reprendre. Il y avait peut-être des moments sympathiques à vivre, après quarante ans, pourquoi pas. Je n'ai pas tenu très longtemps. L'alcool était de retour. Il modifiait mon comportement. Je vivais dans un monde de coton et d'analgésiques dentaires. Je me sentais atrocement mieux. Cette fille me transformait en mortel fébrile et plutôt ravi du sort malveillant qui l'attendait.

Je songeais à toutes les belles choses qui m'étaient arrivées grâce à elle. Des choses joyeuses et des choses possibles sur le moment. Le mieux, si vraiment vous voulez savoir, le cocktail du siècle, était le mélange Arianne-alcool de ces derniers temps. Pour être plus précis, l'alcool en pensant à Arianne.

Il arrivait aussi que la cocaïne que Manuel partait acheter en Italie (on appelait à présent Manuel « le prince de la Riviera »), il arrivait que cette cocaïne autorise aussi une rediffusion des meilleurs moments de mon existence dans un montage impeccable.

J'ai bu avant notre rendez-vous. Les touristes commençaient à repartir. On annonçait des journées noires et un trafic chargé sur le chemin des retours. L'été amorçait sa fin. Mon corps se détraquait comme au bon vieux temps. Je manquais d'appétit. Je snobais le petit déjeuner. J'avais l'impression de ne pouvoir vivre qu'au bout de quelques verres. Je n'étais jamais saoul.

J'avais besoin d'un truc fort avant de m'endormir. Mon organisme demandait sa dose comme un nourrisson braillard avant d'hiberner.

Notre nouveau prince de la Riviera avait initié tout le monde à la poudre, hormis Françoise.

Barbara se justifiait en disant qu'il lui fallait bien cela pour aller au bout de cette saison. Paul, après quelques rails, racontait qu'il ne s'était pas trouvé aussi bien depuis ses révisions pour l'internat effectuées à coups d'amphétamines. Le major, malgré son statut de nouveau grand-père était indéniablement devenu notre plus gros consommateur. Il trouvait remarquable « ce truc blanc qui l'aidait à trouver le sommeil ».

Peu d'entre nous, durant ce mois d'août, prenaient le soleil au Vallauris. Nous restions dans le restaurant, à l'ombre, sans avoir faim, à attendre que Manuel revienne avec « la marchandise ». Il achetait en gros et revendait par petites doses. Il se faisait beaucoup d'argent.

J'ai rechargé en Jack Daniel's et emprunté un gramme à Manuel avant le moment capital. Je suis arrivé à l'heure dans un bar voûté du vieux Nice. Elle m'avait dit au téléphone « surtout pas de terrasse », et « pas d'endroit où l'on puisse nous voir ». Elle était déjà installée. Elle a trouvé que j'avais maigri. Je tenais à peine debout mais j'ai nié sur-le-champ. J'ai mimé le type qui allait bien, le type détaché et capable d'être à l'écoute d'une confession difficile à faire. Au bout du compte, je n'étais pas très fier de moi. Je n'avais rien à lui donner. J'étais sans avenir, sans repère, sans rédemption. Je pouvais claquer le soir même. Mes cheveux repoussaient mal. Paul me faisait les ordonnances que je voulais. Cela n'arrangeait pas mon espérance de vie.

Arianne n'arrêtait pas de raconter des machins sans importance en commandant à boire. Je faisais celui qui comprenait vraiment cette fille.

« Et toi, Frank, elle a fait, tu penses qu'on pourrait vivre ensemble ?

— On a vécu ensemble, Arianne.

— Vivre ensemble vraiment, Frank.

— ...

— Pardon. C'est une idée stupide. Oublie tout ça.

— C'est impossible, Arianne, d'oublier tout ça. Impossible d'oublier ta maladresse et ton grain de beauté. Je n'oublie rien, Arianne. »

Vers minuit, elle m'a annoncé que le restaurant n'était pas une bonne idée. Moi non plus, je n'avais pas très faim. J'allais me recharger dans les toilettes dès que je pouvais. Je regardais l'air de rien son petit haut noir en me disant que j'étais peut-être la bonne personne pour cette nuit-là.

J'ai pensé à l'armée que je n'avais pas faite. Dans de lointains souvenirs, j'ai cru me rappeler que c'était un métier où l'on pouvait obtenir des avancements au mérite. J'aurais aimé que la tradition soit valable en cette circonstance.

J'étais sur le point de craquer, de me lever et d'embarquer Arianne loin d'ici, histoire qu'on reprenne des forces tous les deux avant de « vivre ensemble », quand elle m'a proposé d'aller en boîte de nuit. « Tu es sûre ? », j'ai grimacé. « Certaine, elle a répondu, j'ai des amis qui meurent d'envie de nous retrouver. » Arianne m'a tiré par la main. Elle paraissait emballée d'un seul coup. Nous avons pris un taxi pour aller au « Warrior ». Que Dieu me pardonne, mais je n'ai pas pu tenir longtemps au « Warrior ». La débilité incessante des filles et des garçons qui fréquentaient le lieu n'y était pas pour grand-chose. C'était juste une immense fatigue. J'étais assis avec un verre d'alcool tiède sur un siège de velours rouge et je regardais les copains d'Arianne : mâles bruns aux cheveux plaqués.

J'ai retrouvé Barbara au Vallauris Plage. Je lui ai dit : « Je m'occupe de tout, va dormir un peu. Arianne me retrouve ici. A demain. »

Je me suis retrouvé seul. J'ai avalé une poignée de cachets avec un peu de rhum. J'ai somnolé comme ça quelques heures. A l'aube, le fracas de la barrière du Vallauris m'a réveillé.

J'ai trouvé Arianne étalée dans l'escalier, à demi nue, le corps couvert de bleus, hurlante et totalement défoncée. Je l'ai portée jusqu'à l'intérieur du restaurant.

J'ai tenté de la récupérer en lui passant la nuque sous un robinet d'eau froide. Elle n'était pas d'accord. Elle se démenait beaucoup. Il m'a fallu une extrême patience et de la force pour parvenir à la calmer. J'avais ouvert les portes vitrées. Elle s'est allongée sur le carrelage et j'ai calé sa tête sur mes genoux.

Je ne voulais plus bouger. On aurait pu me couper la tête que je n'aurais pas bougé d'un centimètre. Elle ne disait rien. Je l'ai sentie proche du coma à plusieurs reprises. Le vent s'est levé.

Je suis allé chercher une couverture. Elle m'a regardé avec reconnaissance puis elle m'a demandé si Paul l'aimait, ce que j'en pensais, sincèrement. J'ai ouvert de grands yeux. « Je veux juste ton avis », elle a ajouté. Il y avait peu de sportifs ce matin-là sur la plage.

Pour tout dire, il faisait presque froid.

47

Le vent faisait de petites vagues blanches sur la mer. Avec Barbara, nous avons regardé la pluie venir. Je me suis mis dehors. J'ai savouré les premières gouttes massives et curieusement chaudes. Très vite, le sable était criblé de nombreux impacts. Le Vallauris n'était pas conçu pour la pluie. L'eau ruisselait sur le toit des cabines et du bar. Cela faisait comme un rideau qui arrosait un sol de plus en plus trouble. Arianne avait fini par s'endormir dans sa grande couverture.

Je l'avais déposée sur un tapis derrière le comptoir. Ramener ce monstre génial chez les Fillacci nous aurait valu les foudres de Françoise.

On ne voyait plus la limite entre le ciel et

l'eau. Les deux éléments avaient la même couleur. Barbara Rose m'a proposé une partie de cartes. Un poker.

« Vous voulez qu'on intéresse la partie, Frank ?

— Je n'ai pas le compte en banque nécessaire pour intéresser quoi que ce soit.

— Je ne vous parle pas d'argent, Frank. Nous ne sommes que deux. »

Il y avait une forte odeur de plage mouillée. La pluie avait aussi libéré les parfums des palmiers et des plantes qui encadraient l'escalier du Vallauris. Barbara portait à nouveau ses lunettes fumées :

« Vous savez, Frank, ce que veut dire "aimer une personne" ?

— Je crois. Dites toujours.

— "Aimer une personne" signifie que l'on doit tout faire pour qu'elle puisse vivre sans vous. Pour que votre départ ne perturbe pas sa vie. Rendre Arianne dépendante de nous, c'est mal l'aimer.

— Et alors ?

— Je ne sais pas. Il nous reste encore un peu de temps. On intéresse la partie, Frank ? Qu'en pensez-vous ? »

Je suis monté sur une paire de huit et je me suis couché avec un carré de rois. Je me chargeais à bloc en cocaïne devant Barbara. J'étais plus proche de l'autodestruction que de la partie de cartes. J'imaginais les touristes cloîtrés dans leurs locations à cause de la pluie. Je me demandais combien d'entre eux pouvaient être des assassins. Le major, poussé par sa fillc, a débarqué dans le restaurant avec la petite dernière dans les bras.

Il avait fait l'acquisition d'une minuscule cuiller en or pour sa cocaïne. Il n'arrêtait pas de répéter, en reniflant, que ce chameau de Manuel faisait dans la première qualité depuis ces derniers jours. J'ai vu qu'il portait le bébé comme on savoure une dernière surprise. J'ai trouvé qu'il le tenait bien. Tout à fait naturellement. Il tremblait peut-être un peu mais ça s'arrêtait là. Il parlait au nourrisson en anglais et je n'y comprenais rien.

L'averse faisait de petits impacts dans la mer à présent calme. J'avais perdu ma partie de poker. J'ai allumé une cigarette finale et je l'ai savourée dehors. La planète venait de chavirer de son axe.

Je finissais plus mal que j'avais commencé. Je mentais à mon corps, je lui donnais de l'alcool pour lui faire croire qu'il allait bien. Je me suis revu chef de rang au Bistrot Napolis. J'avais quitté ce job sans penser qu'il pouvait en exister d'autres. Je voulais partir à la recherche d'un endroit calme. Je m'étais retrouvé face à une fille tout à fait remuante.

J'ai observé une famille qui traînait sur la plage. Le sable humide collait à leurs chaussures. Le père a tout de même autorisé son fils à aller se baigner. Je n'étais pas sûr que conclure mon existence en devenant un assassin soit la meilleure façon de terminer les choses. Mais il y avait cette maladie. Cette obsession d'Arianne. L'envie de modifier un peu le destin, si possible, du côté de mademoiselle Backer.

Je me suis retourné vers le Vallauris.

J'ai vu Barbara Rose, le major Crawford et Paul Fillacci qui venait de débarquer.

Ils me fixaient tous les trois, soudés comme jamais.

48

Françoise était déjà couchée. Paul était décidé à ne pas mettre trop de sable dans les draps en s'allongeant. Elle faisait semblant de dormir. Paul a pigé ça immédiatement. Du coup, sans prendre le temps de se dévêtir, il s'est collé contre elle. Elle a grogné gentiment. Tout le Stilnox du monde ne pouvait pas faire grand-chose pour que Paul trouve le sommeil cette nuit-là.

Il a respiré la nuque de sa femme à de nombreuses reprises. Il ne voulait pas que cette odeur s'en aille. Il aurait bien aimé qu'elle lui dise un mot.

Paul s'est serré d'avantage contre Françoise. Il a tenté de se rappeler, une chose après l'autre, ce qu'il avait aimé chez sa femme. Impossible.

Tout se juxtaposait. Les salades à la coriandre, sa première jouissance quand il l'avait caressée et les grandes théories de Françoise jeune fille sur l'existence qu'elle déclamait dans la neige, au début, lors d'un périple dans le massif de la Vanoise.

Il se rappelait très bien de cet instant-là. De son bonnet rose et de ses vieilles chaussures de marche. Le radio-réveil avançait vite. Paul ne pouvait plus parler. Elle ne disait rien non plus. Ils étaient allés trop loin en souvenir d'un vieux rêve de demande en mariage dans la salle de garde d'une faculté.

Elle s'est levée sans faire de bruit.

Il l'a entendue dans la cuisine se préparer un bol de céréales et se presser un jus d'orange.

Il connaissait ces bruits par cœur.

49

Le jour se levait à peine. Je revenais du Vallauris. J'ai croisé Françoise qui s'en allait de la villa, toute pleine de bienveillance. Je l'ai embrassée fortement sur la joue. Elle s'est tout de suite comportée avec humanité. Elle m'a dit : « Je peux vous aider dès la rentrée, Frank. Je suis désolé pour la dernière fois. Je vous aime beaucoup, vous savez. J'ai le numéro d'un spécialiste en addiction. Je l'appellerai dès notre retour. L'avenir existe, Frank ! » a-t-elle souri. « Il y a votre enfant. Pensez à lui ! Vous aimeriez vous diriger vers quels secteurs professionnels, Frank ? Quelle est votre passion ? Votre hobby ? »

Je n'avais plus de salive.

Elle portait un sac en osier, elle partait faire des courses, elle m'a annoncé que même un mensuel masculin faisait sa une sur le pouce de Merlin Fallet. « Peut-être faudrait-il en parler à la police, Frank. »

Ensuite, elle m'a demandé si tout allait bien, si j'avais besoin de quelque chose. Je ne fabriquais plus assez de globules pour répondre un seul mot.

Je suis allé dormir un peu. Dans la salle à manger, le major regardait les informations en se faisant des lignes. Il m'a supplié de lui trouver des munitions pour aller résoudre des attentats terroristes. J'ai refusé. Il a bombé le torse :

« L'Europe est attaquée, Frank !

— Je m'en tape, major. »

Je suis allé prendre des somnifères dans la salle de bain. J'en ai avalé deux et j'ai gardé le reste pour plus tard. Je me suis allongé dans mon lit immense et froid. Ma mémoire se baladait dans des endroits étranges. Des photos de moi lorsque j'étais gosse. Le rire de ma mère. La force de mon père.

Enfant, je ressemblais à un ange, il paraît.

Je n'avais jamais imaginé un salaud sous cet angle-là.

J'ai attendu que Françoise revienne de son marché. J'ai préparé sa tasse avec la poudre des cachets au fond. Paul était au Vallauris avec

Arianne. Manuel venait d'emmener le major à Cannes pour la négociation d'un gros contrat. Des Colombiens, avait tonné le major. Bon sang, des Colombiens ! Je l'ai entendue arriver et je me suis trouvé ridicule tout d'un coup, tel que j'étais, une sorte d'instant désagréable de lucidité. J'ai enfilé un pull malgré le soleil qui était revenu. Françoise est allée prendre une douche. Elle chantonnait. J'ai ouvert le frigo, je me suis enfilé plusieurs gorgées de gin à la bouteille. Françoise se séchait les cheveux. J'ai fouillé dans les affaires de Manuel, j'étais comme fou, il me fallait deux grammes pour tenir le coup. Mes tempes battaient. J'ai fini par trouver ce que je cherchais. Un vieux couple s'engueulait sur le balcon de la baraque d'à côté. C'était au sujet d'une bêtise qui servait de prétexte à leur habituelle relation.

J'ai regardé la piscine. Je ne m'y étais jamais baigné depuis notre arrivée. L'eau de la casserole a frémi et j'ai proposé une tisane à Françoise avec de la honte sur tout le visage. Elle a répondu que « cela lui ferait le plus grand bien ». Mon corps a frissonné pour de bon. J'ai pensé à mon ex-femme, ce qu'elle faisait à cet instant précis, je l'espérais insouciante et radieuse, je voulais du bonheur pour elle et notre fils.

Françoise a effectué une grimace au début mais elle n'a rien dit sur la tisane de peur de me vexer. Par éducation. Parce que c'est une femme de première catégorie. La température montait dans la villa. Je lui ai proposé de l'accompagner en voiture sur la plage. Elle s'est endormie assez vite. Sa tête cognait contre la glace du passager. J'ai pris la direction de l'arrière-pays. Je suis arrivé sur une route sinueuse au début des montagnes.

A la première forêt, je me suis arrêté. Sa robe orange s'était ouverte entre ses cuisses. On voyait sa culotte blanche. Elle était très belle d'un seul coup. Je suis allé dans le coffre. J'ai pris la pelle empruntée au Vallauris Plage.

Le corps de Françoise brillait entre les feuilles des arbres. J'ai tapé avec violence sur son visage, pendant très longtemps. Je voulais faire disparaître ses yeux, son front, son nez. Je ne voulais plus que ce visage ressemble à celui de Françoise. Je l'aimais trop pour ça.

Je voulais qu'il se transforme en bouillie.

J'ai manqué de courage pour creuser un trou.

Je me sentais terriblement malade et encore plus seul qu'avant.

50

Je suis allé sur la plage en fin de journée. Les matelas étaient en désordre. Il est vrai que notre plagiste traitait business avec l'Amérique du Sud. Je me suis mis à les ranger un par un, histoire de faire quelque chose de bien, histoire de jouer le jeu jusqu'au bout. J'ai replacé les parasols pour qu'ils soient alignés comme si cette journée avait tout d'habituel.

Je me suis assis au restaurant du Vallauris. J'ai bouffé deux Xanax de 50 milligrammes avec un verre de cognac pour me remettre un peu. Je me suis demandé ce qu'aurait fait le dalaï-lama ou Matthieu Ricard à ma place.

Abattre Françoise Fillacci, je voyais mal Matthieu Ricard faire un truc pareil. On avait beau retourner le problème, s'arranger au maximum avec ce qu'on était, je ne voyais personne de convenable pour faire ce que j'avais fait.

La plage, si bien ratissée le matin même, avait l'allure d'un terrain vague.

Même les châteaux de sable étaient délabrés.

La mer, aussi, finissait sa journée. Pour la première fois, je la voyais calme, comme un lac, sans la moindre vague. J'ai pensé que la mer était enfin soulagée. J'ai pensé : « elle se repose après tout ce tumulte ». J'ai pensé : « elle ne va pas tarder à s'endormir ».

Le silence s'est installé doucement. On pouvait entendre de nouveau les bruits de la route, du train et de la ville un peu plus loin.

La fille de Crawford a installé son père à côté de moi et s'est éclipsée avec son enfant. Le major m'a demandé de le pousser sur la plage. J'ai obéi. Nous n'avons pas échangé le moindre mot. Je grattais le sable sans rien dire. A la fin, j'ai demandé :

« Comment s'est déroulée votre transaction ?

— Bien. Et la vôtre ?

— Extra. Je suis devenu un assassin à cause de mon côté fleur bleue.

— Merci, Frank.

— Et le doigt de Merlin Fallet, c'était quoi ?

— ...

— La cerise sur le gâteau ?
— Pas de blague, Frank, a grincé Crawford.
— Paul savait aussi que j'allais faire ça ?
— …
— Et Arianne ?
— …
— Génial, j'ai rétorqué en continuant à gratter le sable.
— Ne creusez pas trop loin, Frank.
— …
— C'est juste un conseil. »

51

L'enterrement ne pouvait avoir lieu dans l'immédiat. La police, avec l'aide de médecins légistes, voulait d'abord procéder à tout un tas d'analyses. Lorsque les gens du Vallauris ont appris la mort de Françoise, j'ai consolé Paul Fillacci. Je crois même me souvenir qu'il a pleuré dans mes bras. Barbara Rose a pris soin de ne pas me croiser et d'avoir toujours autre chose à faire que de m'adresser la parole. Le soleil se couchait de plus en plus tôt. Je suis allé prendre un verre dans le centre-ville, un des derniers jours d'août, en fin d'après-midi. Les vitrines des papeteries annonçaient la rentrée des classes. Je me suis demandé comment il était possible de rater sa vie à ce point, de descendre dans le meurtre sans presque s'en apercevoir et d'être certain d'avoir raison jusqu'au bout.

Je suis allé m'acheter un journal. Le vendeur n'a pas bronché. Il a même souri et s'est fendu d'une formule de politesse.

Je me suis installé sur une terrasse qui donnait sur la route. Des bouées, des gosses et des glacières débordaient des breaks et des Renault Espace. J'ai commandé une bière au serveur en plissant le front pour paraître plus sympathique. Je me suis demandé si Françoise avait des frères et des sœurs et comment c'était possible que la honte ne me distingue pas des autres humains du café.

La foule qui passait sur le trottoir d'en face a été gênée par quelqu'un qui ne voulait plus bouger. Les derniers vacanciers faisaient un détour sans oser réprimander le jeune homme. Le visage de Manuel était immobile et chargé de mépris. Il avait son sac de toile à ses pieds. Il voulait me faire payer mon geste juste sans me quitter des yeux.

Je ne savais pas qu'il était possible de dégoûter quelqu'un à ce point. Lentement, Manuel a mis ses affaires sur son dos sans cesser de me regarder. Les filles amoureuses agissent souvent de manière identique sur le quai d'une gare, lorsque le type s'en va. Elles fixent le train jusqu'au bout. Manuel faisait la même chose. Il me scrutait à l'infini.

Il s'en est allé à reculons. J'ai recommandé plusieurs bières. Je frissonnais lorsque des clients parlaient trop fort. J'ai tenté d'imaginer l'avenir de Manuel Viera.

En comparaison de mon futur, j'aurais beaucoup misé sur le sien.

52

Ce n'était pas une fermeture habituelle. Il fallait rendre au lieu son aspect d'origine. Les derniers clients nous regardaient démonter les installations, transporter le matériel dans des camions qui les achemineraient dans des entrepôts. Les transats et les tables commençaient à disparaître. La côte retrouvait son allure naturelle, fade, presque féroce.

Je me suis assis sur le sable mort. La mer jouait les orgueilleuses et commençait à déposer des algues sombres à chaque endroit. Elle marquait de nouveau son territoire. J'ai vu Arianne et Paul arriver de loin, à l'autre bout de la baie. J'ai vidé une demi-flasque de scotch piqué lors du déménagement. Blottie dans les bras de Paul, Arianne m'a aperçu. J'avais le ventre chaud. Elle m'a offert un joyeux signe de la main.

Le major a gueulé avec force pour qu'on lui ramène un parasol du camion. Il voulait fumer un cigare à la même heure que d'habitude. Deux types tentaient de faire descendre le drapeau du lieu. A cause du vent, ils n'y arrivaient pas.

« Ne touchez pas à ce drapeau », a hurlé le major.

Arianne et Paul se sont rapprochés.

C'était un joli couple d'amoureux qui se dirigeait vers moi. Ils étaient en train de se chamailler avec adolescence lorsque j'ai vu, un peu plus loin, Barbara Rose accueillir deux inspecteurs de police sur le bord de la route.

Il me reste quelques secondes. Peut-être une minute. Je trouve cela formidable d'avoir quelques secondes et peut-être une minute. Une vague effleure le bout de mes chaussures. Je regarde la mer. Je regarde la coupe de sa robe, ses jambes longues et fines, son sourire enfin grand et ce petit air malin qui fait qu'avec elle, on pense toujours que les choses vont s'arranger. J'entends des pas derrière mon dos.

Vallauris Plage

Je regarde le plus loin possible pour être totalement libre.

Je ferme les yeux.

Je respire le Vallauris Plage.

Je crois bien que je suis heureux.

Remerciements

Claude, Gaëlle, Nadou, Raphaële, Pierre-Yves.

Manuel, Elsa, Frédéric.

Pierre, Mado, Victor, Jessie.

Yvette, Alexandre W.

Et bienvenue à toi, Simon.

Achevé d'imprimer sur les presses de

BUSSIÈRE

GROUPE CPI

à Saint-Amand-Montrond (Cher)
en avril 2006
pour le compte des Éditions Grasset,
61, rue des Saints-Pères, 75006 Paris.

Mise en pages : Bussière

N° d'édition : 14351. — N° d'impression : 60532-061057/4.
Dépôt légal : avril 2006.

Imprimé en France

ISBN : 2-246-65901-9